Jessica Gherri

Logicals für den Deutschunterricht

Rätsel für die 5./6. Klasse in zwei Differenzierungsstufen

PERSEN

Die Autorin

Jessica Gherri unterrichtet Deutsch, Sachunterricht, Kunst und Englisch an der Grund- und Mittelstufe in Berlin.

1. Auflage 2023

AAP Lehrerwelt GmbH
Veritaskai 3
21079 Hamburg
Telefon: +49 (0) 40325083-040
E-Mail: info@lehrerwelt.de
Geschäftsführung: Christian Glaser
USt-ID: DE 173 77 61 42
Register: AG Hamburg HRB/126335

Wir verwenden in unseren Werken eine genderneutrale Sprache. Wenn keine neutrale Formulierung möglich ist, nennen wir die weibliche und die männliche Form.
In Fällen, in denen wir aufgrund einer besseren Lesbarkeit nur ein Geschlecht nennen können, achten wir darauf, den unterschiedlichen Geschlechtsidentitäten gleichermaßen gerecht zu werden.

Autorschaft: Jessica Gherri
Covergestaltung: TSA&B Werbeagentur GmbH, Hamburg
Coverillustration: Julia Flasche
Illustrationen: Julia Flasche, Stefan Lucas, Katharina Reichert-Scarborough
Satz: Satzpunkt Ursula Ewert GmbH, Bayreuth
Druck und Bindung: Korrekt Nyomdaipari Kft., Budapest

ISBN: 978-3-403-20976-8
www.persen.de

Inhalt

Vorwort

Liebe Kolleginnen und Kollegen,

in diesem Band *Logicals für den Deutschunterricht – 5./6. Klasse* habe ich verschiedene Themen des Rahmenlehrplans Deutsch in Logicals verarbeitet. Sie finden die Bereiche Lesen, Schreiben, mündlicher Sprachgebrauch und Grammatik.

Die beliebten Logicals machen den Kindern viel Spaß. Sie lesen, knobeln, kombinieren und lösen die Frage, die es fast zu jedem Logical gibt.
Logicals fördern die Lesekompetenz der Lernenden und bieten zahlreiche Einsatzmöglichkeiten – sowohl für die Fachlehrkraft als auch für die fachfremd unterrichtende Person.

So können die Logicals eingesetzt werden:

- zur Vertiefung und Wiederholung von Unterrichtsthemen
- zur Differenzierung
- als Einstieg in ein Unterrichtsthema
- als Hausaufgabe
- im Frontalunterricht
- in der Stationsarbeit
- in der Freiarbeit
- in der Wochenplanarbeit
- als Vertretungsstunde
- in der Partner- oder Gruppenarbeit

In fast jedem Logical gibt es eine Frage, die durch sorgfältiges Lesen beantwortet werden kann. Denn nur wer genau liest, die Informationen kombiniert und mitdenkt, kommt zur Lösung. Auf diesem Weg lernen die Kinder, systematisch vorzugehen, sich zu konzentrieren und Spaß am Denken zu haben.
Der Einsatz der Logicals fördert somit die Lesefähigkeit und Denkfähigkeit.
Die verschiedenen Schwierigkeitsstufen der Logicals werden den unterschiedlichen Fähigkeiten jedes Kindes gerecht und ermöglichen die erforderliche Differenzierung.

Jedes Thema beinhaltet zwei Schwierigkeitsstufen:

Leichter  besteht aus sieben Sätzen und **schwieriger**  aus neun Sätzen.

Dabei habe ich darauf geachtet, dass beide Logicals dieselbe Frage sowie dieselbe Antwort beinhalten. Damit ist die Differenzierung auf unterschiedlichem Niveau mit gleichem Ziel gewährleistet. Je mehr gelesen werden muss, desto mehr muss kombiniert und mitgedacht werden. Alle Logicals sind in Tabellenform verfasst.

Falls den Kindern die Übungsform der Logicals noch unbekannt sein sollte, empfiehlt es sich, zuvor ein Logical gemeinsam in der Klasse zu bearbeiten (siehe einfaches Beispiel am Ende des Vorwortes). Sätze, aus denen Informationen verarbeitet wurden, können abgehakt werden. Dies erleichtert die Übersicht beim Bearbeiten.

Ich wünsche Ihnen und Ihren Schülerinnen und Schülern viel Spaß beim Lösen!

Jessica Gherri

Beispiel für ein einfaches Logical in Tabellenform

Diese Kinder lesen gern Bücher. Sie sind unterschiedlich alt und bevorzugen alle eine andere Textsorte.
Lies, fülle die Tabelle aus und finde heraus:

Welches Kind mag Detektivgeschichten? ______________________

Name				
Alter				
Textsorte				

1. Mariella ist zehn Jahre alt.
2. Neben dem Kind, das Abenteuerbücher mag, ist ein Kind, das Comics mag.
3. Ganz links ist Anna.
4. Zwischen dem zehnjährigen und dem zwölfjährigen Kind ist ein elfjähriges Kind.
5. Das Kind, das Liebesromane mag, ist nicht neben dem Kind, das Comics mag.
6. Zwischen Anna und Thomas ist Ludwig.
7. Das neunjährige Kind liest gern Abenteuerbücher.

Lösung

Diese Kinder lesen gern Bücher. Sie sind unterschiedlich alt und bevorzugen alle eine andere Textsorte.
Lies, fülle die Tabelle aus und finde heraus:

Welches Kind mag Detektivgeschichten? **Thomas**

Mögliche Lösung: 3 – 6 – 1 – 4 – 7 – 2 – 5

Name	Anna	Ludwig	Thomas	Mariella
Alter	9	12	11	10
Textsorte	Abenteuerbücher	Comics	**Detektivgeschichten**	Liebesromane

3. Ganz links ist Anna.
6. Zwischen Anna und Thomas ist Ludwig.
1. Mariella ist zehn Jahre alt.
4. Zwischen dem zehnjährigen und dem zwölfjährigen Kind ist ein elfjähriges Kind.
7. Das neunjährige Kind liest gern Abenteuerbücher.
2. Neben dem Kind, das Abenteuerbücher mag, ist ein Kind, das Comics mag.
5. Das Kind, das Liebesromane mag, ist nicht neben dem Kind, das Comics mag.

BALLADEN

Eine Ballade war im Mittelalter ein Tanzlied (lateinisch „ballare“ = tanzen). Seit dem 18. Jahrhundert bezeichnet man in der deutschsprachigen Literatur ein erzählendes Gedicht mit mehreren Strophen als Ballade.
Lies, fülle die Tabelle aus, schneide die Kärtchen mit dem Inhalt aus und klebe sie in die Tabelle. Finde heraus:

Wann wurde die Ballade „Herr von Ribbeck auf Ribbeck im Havelland“ geschrieben? ____________________

Ballade				
Autor				
Erscheinungsjahr				
Inhalt				

1. Die rechte der beiden von Fontane geschriebenen Balladen ist „Herr von Ribbeck auf Ribbeck im Havelland“.
2. Zwischen der Ballade von 1782 und der Ballade von 1886 ist eine Ballade von 1797.
3. Eine Ballade ist von 1889.
4. Zwischen der Ballade „Herr von Ribbeck auf Ribbeck im Havelland“ und „Der Zauberlehrling“ ist „John Maynard“.
5. Die beiden linken Balladen wurden von Johann Wolfgang von Goethe geschrieben.
6. Eine Ballade heißt „Der Erlkönig“ und wurde 1782 geschrieben.
7. Die anderen beiden Balladen wurden von Theodor Fontane geschrieben.

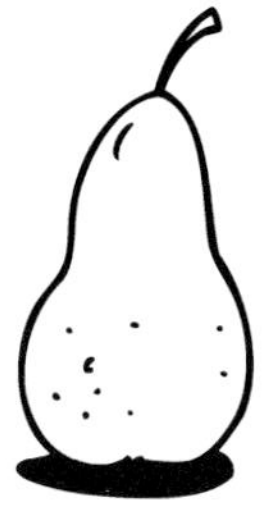

Herr von Ribbeck lässt Kinder von seinem Birnbaum essen.	Ein Vater reitet mit seinem Sohn im Arm durch die Nacht. Der Junge hat Angst vor dem Erlkönig.	Ein Steuermann rettet die Passagiere eines brennenden Schiffes.	Ein Zauberlehrling ist allein und versucht zu zaubern.

BALLADEN

Eine Ballade war im Mittelalter ein Tanzlied (lateinisch „ballare“ = tanzen). Seit dem 18. Jahrhundert bezeichnet man in der deutschsprachigen Literatur ein erzählendes Gedicht mit mehreren Strophen als Ballade.
Lies, fülle die Tabelle aus, schneide die Kärtchen mit dem Inhalt aus und klebe sie in die Tabelle. Finde heraus:

Wann wurde die Ballade „Herr von Ribbeck auf Ribbeck im Havelland“ geschrieben? ____________________

Ballade					
Autor					
Erscheinungsjahr					
Inhalt					

1. Neben der Ballade von 1782 ist eine Ballade von 1797.
2. Die Ballade „Herr von Ribbeck auf Ribbeck im Havelland“ ist zwischen dem „Handschuh“ und „John Maynard“.
3. Eine Ballade von 1886 ist neben der Ballade von 1797.
4. Neben den Balladen von Goethe sind zwei Balladen von Theodor Fontane.
5. „Der Zauberlehrling“ ist neben der Ballade „John Maynard“.
6. Die Ballade von 1889 ist zwischen der von 1886 und der, die auch aus dem Jahr 1797 stammt.
7. Neben den Balladen von Fontane ist die Ballade „Der Handschuh“ von Friedrich Schiller.
8. Die linken beiden Balladen wurden von Johann Wolfgang von Goethe geschrieben.
9. Der „Erlkönig“ ist von 1782.

Herr von Ribbeck lässt Kinder von seinem Birnbaum essen.	Ein Vater reitet mit seinem Sohn im Arm durch die Nacht. Der Junge hat Angst vor dem Erlkönig.	Ein Steuermann rettet die Passagiere eines brennenden Schiffes.	Ein Zauberlehrling ist allein und versucht zu zaubern.	Ein Ritter hebt den Handschuh einer Dame auf. Der Handschuh liegt zwischen Raubtieren.

BALLADEN

Eine Ballade war im Mittelalter ein Tanzlied (lateinisch „ballare“ = tanzen). Seit dem 18. Jahrhundert bezeichnet man in der deutschsprachigen Literatur ein erzählendes Gedicht mit mehreren Strophen als Ballade.
Lies, fülle die Tabelle aus, schneide die Kärtchen mit dem Inhalt aus und klebe sie in die Tabelle. Finde heraus:

Wann wurde die Ballade „Herr von Ribbeck auf Ribbeck im Havelland“ geschrieben? **1889**

Mögliche Lösung: 5 – 7 – 1 – 4 – 6 – 2 – 3

Ballade	Der Erlkönig	Der Zauberlehrling	John Maynard	Herr von Ribbeck auf Ribbeck im Havelland
Autor	Johann Wolfgang von Goethe	Johann Wolfgang von Goethe	Theodor Fontane	Theodor Fontane
Erscheinungsjahr	1782	1797	1886	**1889**
Inhalt	Ein Vater reitet mit seinem Sohn im Arm durch die Nacht. Der Junge hat Angst vor dem Erlkönig.	Ein Zauberlehrling ist allein und versucht zu zaubern.	Ein Steuermann rettet die Passagiere eines brennenden Schiffes.	Herr von Ribbeck lässt Kinder von seinem Birnbaum essen.

5. Die beiden linken Balladen wurden von Johann Wolfgang von Goethe geschrieben.
7. Die anderen beiden Balladen wurden von Theodor Fontane geschrieben.
1. Die rechte der beiden von Fontane geschriebenen Balladen ist „Herr von Ribbeck auf Ribbeck im Havelland“.
4. Zwischen der Ballade „Herr von Ribbeck auf Ribbeck im Havelland“ und „Der Zauberlehrling“ ist „John Maynard“.
6. Eine Ballade heißt „Der Erlkönig“ und wurde 1782 geschrieben.
2. Zwischen der Ballade von 1782 und der Ballade von 1886 ist eine Ballade von 1797.
3. Eine Ballade ist von 1889.

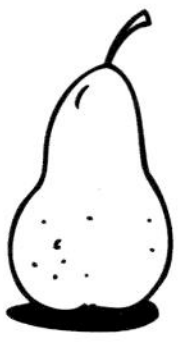

BALLADEN

Eine Ballade war im Mittelalter ein Tanzlied (lateinisch „ballare“ = tanzen). Seit dem 18. Jahrhundert bezeichnet man in der deutschsprachigen Literatur ein erzählendes Gedicht mit mehreren Strophen als Ballade.
Lies, fülle die Tabelle aus, schneide die Kärtchen mit dem Inhalt aus und klebe sie in die Tabelle. Finde heraus:

Wann wurde die Ballade „Herr von Ribbeck auf Ribbeck im Havelland“ geschrieben? **1889**

Mögliche Lösung: 8 – 4 – 7 – 2 – 5 – 9 – 1 – 3 – 6

Ballade	Der Erlkönig	Der Zauberlehrling	John Maynard	Herr von Ribbeck auf Ribbeck im Havelland	Der Handschuh
Autor	Johann Wolfgang von Goethe	Johann Wolfgang von Goethe	Theodor Fontane	Theodor Fontane	Friedrich Schiller
Erscheinungsjahr	1782	1797	1886	**1889**	1797
Inhalt	Ein Vater reitet mit seinem Sohn im Arm durch die Nacht. Der Junge hat Angst vor dem Erlkönig.	Ein Zauberlehrling ist allein und versucht zu zaubern.	Ein Steuermann rettet die Passagiere eines brennenden Schiffes.	Herr von Ribbeck lässt Kinder von seinem Birnbaum essen.	Ein Ritter hebt den Handschuh einer Dame auf. Der Handschuh liegt zwischen Raubtieren.

8. Die linken beiden Balladen wurden von Johann Wolfgang von Goethe geschrieben.
4. Neben den Balladen von Goethe sind zwei Balladen von Theodor Fontane.
7. Neben den Balladen von Fontane ist die Ballade „Der Handschuh“ von Friedrich Schiller.
2. Die Ballade „Herr von Ribbeck auf Ribbeck im Havelland“ ist zwischen dem „Handschuh“ und „John Maynard“.
5. „Der Zauberlehrling“ ist neben der Ballade „John Maynard“.
9. Der „Erlkönig“ ist von 1782.
1. Neben der Ballade von 1782 ist eine Ballade von 1797.
3. Eine Ballade von 1886 ist neben der Ballade von 1797.
6. Die Ballade von 1889 ist zwischen der von 1886 und der, die auch aus dem Jahr 1797 stammt.

FABELN – ÄSOP

Äsop soll ein griechischer Sklave und Dichter gewesen sein, der wohl im 6. Jahrhundert vor Christus gelebt hat. Ihm werden viele Fabelgeschichten zugeschrieben. In seinen Fabeln geht es um Neid, Dummheit, Geiz oder Eitelkeit. Dies wurde durch Tiere mit menschlichen Charaktereigenschaften dargestellt. In fast jeder Fabel gibt es eine Moral – eine Lehre, die man daraus ziehen kann. Hier findest du Fabeln von Äsop, enthaltene Tugenden oder Schwächen und eine Lehre.
Lies, fülle die Tabelle aus und finde heraus:

Zu welcher Fabel gehört die Lehre „Ausdauer und Verstand führen immer zum Ziel“? ______________________

Fabel				
Tugend/Schwäche				
Lehre/Moral				

1. Zwischen dem Neid und der Überheblichkeit ist die Klugheit.
2. Neben der Lehre „Was du nicht willst, das man dir tu, das füg auch keinem anderen zu“ ist die Lehre „Verschwende dein Können nicht durch Faulheit“.
3. Zwischen der Fabel „Der Fuchs und der Storch“ und „Die Krähe und der Wasserkrug“ ist die Fabel „Die Schildkröte und der Hase“.
4. Die Lehre „Sei zufrieden und glücklich mit dem, was du hast“ ist nicht neben der Lehre „Verschwende dein Können nicht durch Faulheit“.
5. Die Rücksichtslosigkeit in dieser Fabel hat die Lehre „Was du nicht willst, das man dir tu, das füg auch keinem anderen zu“.
6. Links ist die Fabel „Der Fuchs und der Storch“.
7. In der Fabel „Die Stadtmaus und die Landmaus“ geht es um Neid.

FABELN – ÄSOP

Äsop soll ein griechischer Sklave und Dichter gewesen sein, der wohl im 6. Jahrhundert vor Christus gelebt hat. Ihm werden viele Fabelgeschichten zugeschrieben. In seinen Fabeln geht es um Neid, Dummheit, Geiz oder Eitelkeit. Dies wurde durch Tiere mit menschlichen Charaktereigenschaften dargestellt. In fast jeder Fabel gibt es eine Moral – eine Lehre, die man daraus ziehen kann. Hier findest du Fabeln von Äsop, enthaltene Tugenden oder Schwächen und eine Lehre.
Lies, fülle die Tabelle aus und finde heraus:

Zu welcher Fabel gehört die Lehre „Ausdauer und Verstand führen immer zum Ziel“? ______________________

Fabel					
Tugend/Schwäche					
Lehre/Moral					

1. Zwischen dem Neid und der Hilfsbereitschaft ist die Klugheit.
2. Ganz links ist die Fabel „Der Fuchs und der Storch“.
3. Neben der Fabel „Der Wolf und der Kranich“ ist die Fabel „Die Krähe und der Wasserkrug“.
4. Die Lehre „Sei zufrieden und glücklich mit dem, was du hast“ ist nicht neben der Lehre „Verschwende dein Können nicht durch Faulheit“.
5. Die Rücksichtslosigkeit in dieser Fabel hat die Lehre „Was du nicht willst, das man dir tu, das füg auch keinem anderen zu“.
6. Zwischen der Lehre „Was du nicht willst, das man dir tu, das füg auch keinem anderen zu“ und der Lehre „Wer wirklich helfen will, verlangt dafür keine Belohnung“ ist die Lehre „Verschwende dein Können nicht durch Faulheit“.
7. In der Fabel „Die Stadtmaus und die Landmaus“ geht es um Neid.
8. Neben der Hilfsbereitschaft ist die Überheblichkeit.
9. Zwischen der Fabel „Der Fuchs und der Storch“ und „Der Wolf und der Kranich“ ist die Fabel „Die Schildkröte und der Hase“.

FABELN – ÄSOP

Äsop soll ein griechischer Sklave und Dichter gewesen sein, der wohl im 6. Jahrhundert vor Christus gelebt hat. Ihm werden viele Fabelgeschichten zugeschrieben. In seinen Fabeln geht es um Neid, Dummheit, Geiz oder Eitelkeit. Dies wurde durch Tiere mit menschlichen Charaktereigenschaften dargestellt. In fast jeder Fabel gibt es eine Moral – eine Lehre, die man daraus ziehen kann. Hier findest du Fabeln von Äsop, enthaltene Tugenden oder Schwächen und eine Lehre.
Lies, fülle die Tabelle aus und finde heraus:

Zu welcher Fabel gehört die Lehre „Ausdauer und Verstand führen immer zum Ziel“? **Die Krähe und der Wasserkrug**

Mögliche Lösung: 6 – 3 – 7 – 1 – 5 – 2 – 4

Fabel	Der Fuchs und der Storch	Die Schildkröte und der Hase	**Die Krähe und der Wasserkrug**	Die Stadtmaus und die Landmaus
Tugend/Schwäche	Rücksichtslosigkeit	Überheblichkeit	Klugheit	Neid
Lehre/Moral	Was du nicht willst, das man dir tu, das füg auch keinem anderen zu.	Verschwende dein Können nicht durch Faulheit.	**Ausdauer und Verstand führen immer zum Ziel.**	Sei zufrieden und glücklich mit dem, was du hast.

6. Links ist die Fabel „Der Fuchs und der Storch“.
3. Zwischen der Fabel „Der Fuchs und der Storch“ und „Die Krähe und der Wasserkrug“ ist die Fabel „Die Schildkröte und der Hase“.
7. In der Fabel „Die Stadtmaus und die Landmaus“ geht es um Neid.
1. Zwischen dem Neid und der Überheblichkeit ist die Klugheit.
5. Die Rücksichtslosigkeit in dieser Fabel hat die Lehre „Was du nicht willst, das man dir tu, das füg auch keinem anderen zu“.
2. Neben der Lehre „Was du nicht willst, das man dir tu, das füg auch keinem anderen zu“ ist die Lehre „Verschwende dein Können nicht durch Faulheit“.
4. Die Lehre „Sei zufrieden und glücklich mit dem, was du hast“ ist nicht neben der Lehre „Verschwende dein Können nicht durch Faulheit“.

FABELN – ÄSOP

Äsop soll ein griechischer Sklave und Dichter gewesen sein, der wohl im 6. Jahrhundert vor Christus gelebt hat. Ihm werden viele Fabelgeschichten zugeschrieben. In seinen Fabeln geht es um Neid, Dummheit, Geiz oder Eitelkeit. Dies wurde durch Tiere mit menschlichen Charaktereigenschaften dargestellt. In fast jeder Fabel gibt es eine Moral – eine Lehre, die man daraus ziehen kann. Hier findest du Fabeln von Äsop, enthaltene Tugenden oder Schwächen und eine Lehre.
Lies, fülle die Tabelle aus und finde heraus:

Zu welcher Fabel gehört die Lehre „Ausdauer und Verstand führen immer zum Ziel“? **Die Krähe und der Wasserkrug**

Mögliche Lösung: 2 – 9 – 3 – 7 – 1 – 8 – 5 – 6 – 4

Fabel	Der Fuchs und der Storch	Die Schildkröte und der Hase	Der Wolf und der Kranich	**Die Krähe und der Wasserkrug**	Die Stadtmaus und die Landmaus
Tugend/Schwäche	Rücksichtslosigkeit	Überheblichkeit	Hilfsbereitschaft	Klugheit	Neid
Lehre/Moral	Was du nicht willst, das man dir tu, das füg auch keinem anderen zu.	Verschwende dein Können nicht durch Faulheit.	Wer wirklich helfen will, verlangt dafür keine Belohnung.	**Ausdauer und Verstand führen immer zum Ziel.**	Sei zufrieden und glücklich mit dem, was du hast.

2. Ganz links ist die Fabel „Der Fuchs und der Storch“.
9. Zwischen der Fabel „Der Fuchs und der Storch“ und „Der Wolf und der Kranich“ ist die Fabel „Die Schildkröte und der Hase“.
3. Neben der Fabel „Der Wolf und der Kranich“ ist die Fabel „Die Krähe und der Wasserkrug“.
7. In der Fabel „Die Stadtmaus und die Landmaus“ geht es um Neid.
1. Zwischen dem Neid und der Hilfsbereitschaft ist die Klugheit.
8. Neben der Hilfsbereitschaft ist die Überheblichkeit.
5. Die Rücksichtslosigkeit in dieser Fabel hat die Lehre „Was du nicht willst, das man dir tu, das füg auch keinem anderen zu“.
6. Zwischen der Lehre „Was du nicht willst, das man dir tu, das füg auch keinem anderen zu“ und der Lehre „Wer wirklich helfen will, verlangt dafür keine Belohnung“ ist die Lehre „Verschwende dein Können nicht durch Faulheit“.
4. Die Lehre „Sei zufrieden und glücklich mit dem, was du hast“ ist nicht neben der Lehre „Verschwende dein Können nicht durch Faulheit“.

FABELN – CHARAKTEREIGENSCHAFTEN DER TIERE I

Fabeln gibt es bereits seit mehreren Tausend Jahren. Hauptcharaktere sind meist Tiere, die menschliche Eigenschaften besitzen. Zeitangaben oder Orte werden nicht benannt.
Die Figuren stehen in einem Konflikt und am Ende gibt es eine belehrende Moral der Geschichte.
Hier findest du Tiere, ihre Charaktereigenschaften und den Namen, den sie meist in den Fabeln tragen. Lies, fülle die Tabelle aus und finde heraus:

Wie heißt die Gans oft in Fabeln? ______________________________

Charaktereigenschaft				
Tier				
Name in Fabeln				

1. Der Löwe wird in Fabeln oft Leo oder Nobel genannt.
2. Der Hase wird allgemein als geschäftig bezeichnet.
3. Ganz rechts ist ein majestätisches Tier.
4. Zwischen Meister Lampe und Reineke ist Adelheit.
5. Das Tier neben Leo heißt oft Reineke.
6. Zwischen dem Hasen und dem Fuchs ist die Gans.
7. Zwischen dem majestätischen Tier und dem geschwätzigen Tier ist ein schlaues Tier.

FABELN – CHARAKTEREIGENSCHAFTEN DER TIERE I

Fabeln gibt es bereits seit mehreren Tausend Jahren. Hauptcharaktere sind meist Tiere, die menschliche Eigenschaften besitzen. Zeitangaben oder Orte werden nicht benannt.
Die Figuren stehen in einem Konflikt und am Ende gibt es eine belehrende Moral der Geschichte.
Hier findest du Tiere, ihre Charaktereigenschaften und den Namen, den sie meist in den Fabeln tragen. Lies, fülle die Tabelle aus und finde heraus:

Wie heißt die Gans oft in Fabeln? ____________________

Charaktereigenschaft					
Tier					
Name in Fabeln					

1. Neben dem Fuchs ist der Rabe.
2. Der Hase wird allgemein als geschäftig bezeichnet.
3. Ganz rechts ist ein majestätisches Tier.
4. Zwischen dem Hasen und dem Fuchs ist die Gans.
5. Der Löwe wird in Fabeln oft Leo oder Nobel genannt.
6. Zwischen Meister Lampe und Reineke ist Adelheit.
7. Neben dem schlauen Tier ist ein geschwätziges Tier.
8. Das Tier zwischen Leo und Reineke wird oft Pflückebeutel genannt.
9. Zwischen dem majestätischen Tier und dem schlauen Tier ist ein diebisches Tier.

FABELN – CHARAKTEREIGENSCHAFTEN DER TIERE I

Fabeln gibt es bereits seit mehreren Tausend Jahren. Hauptcharaktere sind meist Tiere, die menschliche Eigenschaften besitzen. Zeitangaben oder Orte werden nicht benannt.
Die Figuren stehen in einem Konflikt und am Ende gibt es eine belehrende Moral der Geschichte.
Hier findest du Tiere, ihre Charaktereigenschaften und den Namen, den sie meist in den Fabeln tragen. Lies, fülle die Tabelle aus und finde heraus:

Wie heißt die Gans oft in Fabeln? **Adelheit**

Mögliche Lösung: 3 – 7 – 2 – 6 – 1 – 5 – 4

Charaktereigenschaft	geschäftig	geschwätzig	schlau	majestätisch
Tier	Hase	Gans	Fuchs	Löwe
Name in Fabeln	Meister Lampe	**Adelheit**	Reineke	Leo oder Nobel

3. Ganz rechts ist ein majestätisches Tier.
7. Zwischen dem majestätischen Tier und dem geschwätzigen Tier ist ein schlaues Tier.
2. Der Hase wird allgemein als geschäftig bezeichnet.
6. Zwischen dem Hasen und dem Fuchs ist die Gans.
1. Der Löwe wird in Fabeln oft Leo oder Nobel genannt.
5. Das Tier neben Leo heißt oft Reineke.
4. Zwischen Meister Lampe und Reineke ist Adelheit.

FABELN – CHARAKTEREIGENSCHAFTEN DER TIERE I

Fabeln gibt es bereits seit mehreren Tausend Jahren. Hauptcharaktere sind meist Tiere, die menschliche Eigenschaften besitzen. Zeitangaben oder Orte werden nicht benannt.
Die Figuren stehen in einem Konflikt und am Ende gibt es eine belehrende Moral der Geschichte.
Hier findest du Tiere, ihre Charaktereigenschaften und den Namen, den sie meist in den Fabeln tragen. Lies, fülle die Tabelle aus und finde heraus:

Wie heißt die Gans oft in Fabeln? **Adelheit**

Mögliche Lösung: 3 – 9 – 7 – 2 – 4 – 1 – 5 – 8 – 6

Charaktereigenschaft	geschäftig	geschwätzig	schlau	diebisch	majestätisch
Tier	Hase	Gans	Fuchs	Rabe	Löwe
Name in Fabeln	Meister Lampe	**Adelheit**	Reineke	Pflückebeutel	Leo oder Nobel

3. Ganz rechts ist ein majestätisches Tier.
9. Zwischen dem majestätischen Tier und dem schlauen Tier ist ein diebisches Tier.
7. Neben dem schlauen Tier ist ein geschwätziges Tier.
2. Der Hase wird allgemein als geschäftig bezeichnet.
4. Zwischen dem Hasen und dem Fuchs ist die Gans.
1. Neben dem Fuchs ist der Rabe.
5. Der Löwe wird in Fabeln oft Leo oder Nobel genannt.
8. Das Tier zwischen Leo und Reineke wird oft Pflückebeutel genannt.
6. Zwischen Meister Lampe und Reineke ist Adelheit.

FABELN – CHARAKTEREIGENSCHAFTEN DER TIERE II

In diesem *Logical* findest du weitere Charaktereigenschaften und Namen, die den Tieren in Fabeln oft zugeschrieben werden.
Lies, fülle die Tabelle aus und finde heraus:

Wie heißt der Esel oft in Fabeln? ______________________

Charaktereigenschaft				
Tier				
Name in Fabeln				

1. Der Storch wird häufig als stolz beschrieben.
2. Der Wolf trägt meist den Namen Isegrim.
3. Boldewyn ist zwischen Adebar und Meister Petz.
4. Das linke Tier wird oft als bösartiges Tier dargestellt.
5. Zwischen dem Storch und dem Bären ist der Esel.
6. Zwischen dem bösartigen Tier und dem eigensinnigen Tier ist ein gutmütiges Tier.
7. Neben Isegrim ist Meister Petz.

FABELN – CHARAKTEREIGENSCHAFTEN DER TIERE II

In diesem *Logical* findest du weitere Charaktereigenschaften und Namen, die den Tieren in Fabeln oft zugeschrieben werden.
Lies, fülle die Tabelle aus und finde heraus:

Wie heißt der Esel oft in Fabeln? ____________________

Charaktereigenschaft					
Tier					
Name in Fabeln					

1. Neben dem bedächtigen Tier ist ein eigensinniges Tier.
2. Der Wolf trägt meist den Namen Isegrim.
3. Boldewyn ist zwischen Adebar und Grimbart.
4. Das linke Tier wird oft als bösartiges Tier dargestellt.
5. Zwischen dem Storch und dem Dachs ist der Esel.
6. Zwischen dem bösartigen Tier und dem bedächtigen Tier ist ein gutmütiges Tier.
7. Zwischen Isegrim und Grimbart ist Meister Petz.
8. Der Storch wird häufig als stolz beschrieben.
9. Neben dem Dachs ist der Bär.

Fabeln – Charaktereigenschaften der Tiere II

FABELN – CHARAKTEREIGENSCHAFTEN DER TIERE II

In diesem *Logical* findest du weitere Charaktereigenschaften und Namen, die den Tieren in Fabeln oft zugeschrieben werden.
Lies, fülle die Tabelle aus und finde heraus:

Wie heißt der Esel oft in Fabeln? **Boldewyn**

Mögliche Lösung: 4 – 6 – 1 – 5 – 2 – 7 – 3

Charaktereigenschaft	bösartig	gutmütig	eigensinnig	stolz
Tier	Wolf	Bär	Esel	Storch
Name in Fabeln	Isegrim	Meister Petz	**Boldewyn**	Adebar

4. Das linke Tier wird oft als bösartiges Tier dargestellt.
6. Zwischen dem bösartigen Tier und dem eigensinnigen Tier ist ein gutmütiges Tier.
1. Der Storch wird häufig als stolz beschrieben.
5. Zwischen dem Storch und dem Bären ist der Esel.
2. Der Wolf trägt meist den Namen Isegrim.
7. Neben Isegrim ist Meister Petz.
3. Boldewyn ist zwischen Adebar und Meister Petz.

FABELN – CHARAKTEREIGENSCHAFTEN DER TIERE II

In diesem *Logical* findest du weitere Charaktereigenschaften und Namen, die den Tieren in Fabeln oft zugeschrieben werden.
Lies, fülle die Tabelle aus und finde heraus:

Wie heißt der Esel oft in Fabeln? **Boldewyn**

Mögliche Lösung: 4 – 6 – 1 – 8 – 5 – 9 – 2 – 7 – 3

Charaktereigenschaft	bösartig	gutmütig	bedächtig	eigensinnig	stolz
Tier	Wolf	Bär	Dachs	Esel	Storch
Name in Fabeln	Isegrim	Meister Petz	Grimbart	**Boldewyn**	Adebar

4. Das linke Tier wird oft als bösartiges Tier dargestellt.
6. Zwischen dem bösartigen Tier und dem bedächtigen Tier ist ein gutmütiges Tier.
1. Neben dem bedächtigen Tier ist ein eigensinniges Tier.
8. Der Storch wird häufig als stolz beschrieben.
5. Zwischen dem Storch und dem Dachs ist der Esel.
9. Neben dem Dachs ist der Bär.
2. Der Wolf trägt meist den Namen Isegrim.
7. Zwischen Isegrim und Grimbart ist Meister Petz.
3. Boldewyn ist zwischen Adebar und Grimbart.

GEDICHTFORMEN

Kinder haben Spaß an Gedichten. Sie lesen sie gern, aber viel mehr Spaß macht es, Gedichte selbst zu schreiben. Hier findest du verschiedene Gedichtformen und wie sie aufgebaut sind. Hast du Lust, selbst zu dichten?
Lies und fülle die Tabelle aus. Anschließend kannst du die Kärtchen mit dem genauen Aufbau ausschneiden und in die Tabelle kleben. Finde heraus:

Welche Besonderheit hat ein Rondell? ______________________________

Gedichtform			
Anzahl der Zeilen			
Besonderheit			
genauer Aufbau			

1. Das Gedicht mit drei Zeilen besteht aus 17 Silben.
2. Neben dem Gedicht mit den acht Zeilen ist ein Gedicht mit fünf Zeilen.
3. Neben dem Gedicht mit 17 Silben ist ein Gedicht, das aus elf Wörtern besteht.
4. Ganz rechts steht das Haiku.
5. Ein Rondell besteht aus acht Zeilen.
6. In einem Gedicht sind die Zeilen eins, vier und sieben identisch.
7. Neben dem Haiku steht das Elfchen.

1 Wort – Wie ist es? 2 Wörter – Was ist es? 3 Wörter – Was tut es? 4 Wörter – Was tue ich? 1 Wort – passend zu dem Thema	Zähle die Silben! Zeile 1: 5 Silben Zeile 2: 7 Silben Zeile 3: 5 Silben	Alle Zeilen sind vollständige Sätze. Zeilen 1, 4 und 7 sind identisch!

GEDICHTFORMEN

Kinder haben Spaß an Gedichten. Sie lesen sie gern, aber viel mehr Spaß macht es, Gedichte selbst zu schreiben. Hier findest du verschiedene Gedichtformen und wie sie aufgebaut sind. Hast du Lust, selbst zu dichten? Lies und fülle die Tabelle aus. Anschließend kannst du die Kärtchen mit dem genauen Aufbau ausschneiden und in die Tabelle kleben. Finde heraus:

Welche Besonderheit hat ein Rondell? ______________________________

Gedichtform				
Anzahl der Zeilen				
Besonderheit				
genauer Aufbau				

1. Neben dem Gedicht mit acht Zeilen ist ein Gedicht mit fünf Zeilen.
2. Ganz rechts steht das Haiku.
3. Das Gedicht mit drei Zeilen besteht aus 17 Silben.
4. Das Elfchen ist neben dem Schneeballgedicht.
5. Neben dem Gedicht mit fünf Zeilen ist ein Gedicht, das ebenso fünf Zeilen hat.
6. In einem Gedicht sind die Zeilen eins, vier und sieben identisch.
7. Neben dem Haiku steht das Schneeballgedicht.
8. Das Gedicht, in dem in jeder Zeile ein Wort hinzukommt, ist zwischen dem Gedicht mit 17 Silben und dem Gedicht mit elf Wörtern.
9. Ein Rondell besteht aus acht Zeilen.

1 Wort – Wie ist es? 2 Wörter – Was ist es? 3 Wörter – Was tut es? 4 Wörter – Was tue ich? 1 Wort – passend zu dem Thema	Zähle die Silben! Zeile 1: 5 Silben Zeile 2: 7 Silben Zeile 3: 5 Silben	Alle Zeilen sind vollständige Sätze. Zeilen 1, 4 und 7 sind identisch!	Beginne mit einem Wort. In jeder Zeile kommt ein Wort hinzu.

GEDICHTFORMEN

Kinder haben Spaß an Gedichten. Sie lesen sie gern, aber viel mehr Spaß macht es, Gedichte selbst zu schreiben. Hier findest du verschiedene Gedichtformen und wie sie aufgebaut sind. Hast du Lust, selbst zu dichten?
Lies und fülle die Tabelle aus. Anschließend kannst du die Kärtchen mit dem genauen Aufbau ausschneiden und in die Tabelle kleben. Finde heraus:

Welche Besonderheit hat ein Rondell? **Zeilen 1, 4 und 7 sind identisch**

Mögliche Lösung: 4 – 7 – 5 – 2 – 1 – 3 – 6

Gedichtform	Rondell	Elfchen	Haiku
Anzahl der Zeilen	8	5	3
Besonderheit	**Zeilen 1, 4 und 7 sind identisch**	11 Wörter	17 Silben
genauer Aufbau	Alle Zeilen sind vollständige Sätze. Zeilen 1, 4 und 7 sind identisch!	1 Wort – Wie ist es? 2 Wörter – Was ist es? 3 Wörter – Was tut es? 4 Wörter – Was tue ich? 1 Wort – passend zu dem Thema	Zähle die Silben! Zeile 1: 5 Silben Zeile 2: 7 Silben Zeile 3: 5 Silben

4. Ganz rechts steht das Haiku.
7. Neben dem Haiku steht das Elfchen.
5. Ein Rondell besteht aus acht Zeilen.
2. Neben dem Gedicht mit den acht Zeilen ist ein Gedicht mit fünf Zeilen.
1. Das Gedicht mit drei Zeilen besteht aus 17 Silben.
3. Neben dem Gedicht mit 17 Silben ist ein Gedicht, das aus elf Wörtern besteht.
6. In einem Gedicht sind die Zeilen eins, vier und sieben identisch.

GEDICHTFORMEN

Kinder haben Spaß an Gedichten. Sie lesen sie gern, aber viel mehr Spaß macht es, Gedichte selbst zu schreiben. Hier findest du verschiedene Gedichtformen und wie sie aufgebaut sind. Hast du Lust, selbst zu dichten? Lies und fülle die Tabelle aus. Anschließend kannst du die Kärtchen mit dem genauen Aufbau ausschneiden und in die Tabelle kleben. Finde heraus:

Welche Besonderheit hat ein Rondell? **Zeilen 1, 4 und 7 sind identisch**

Mögliche Lösung: 2 – 7 – 4 – 9 – 1 – 5 – 3 – 8 – 6

Gedichtform	Rondell	Elfchen	Schneeballgedicht	Haiku
Anzahl der Zeilen	8	5	5	3
Besonderheit	**Zeilen 1, 4 und 7 sind identisch**	11 Wörter	In jeder Zeile kommt ein Wort hinzu.	17 Silben
genauer Aufbau	Alle Zeilen sind vollständige Sätze. Zeilen 1, 4 und 7 sind identisch!	1 Wort – Wie ist es? 2 Wörter – Was ist es? 3 Wörter – Was tut es? 4 Wörter – Was tue ich? 1 Wort – passend zu dem Thema	Beginne mit einem Wort. In jeder Zeile kommt ein Wort hinzu.	Zähle die Silben! Zeile 1: 5 Silben Zeile 2: 7 Silben Zeile 3: 5 Silben

2. Ganz rechts steht das Haiku.
7. Neben dem Haiku steht das Schneeballgedicht.
4. Das Elfchen ist neben dem Schneeballgedicht.
9. Ein Rondell besteht aus acht Zeilen.
1. Neben dem Gedicht mit acht Zeilen ist ein Gedicht mit fünf Zeilen.
5. Neben dem Gedicht mit fünf Zeilen ist ein Gedicht, das ebenso fünf Zeilen hat.
3. Das Gedicht mit drei Zeilen besteht aus 17 Silben.
8. Das Gedicht, in dem in jeder Zeile ein Wort hinzukommt, ist zwischen dem Gedicht mit 17 Silben und dem Gedicht mit elf Wörtern.
6. In einem Gedicht sind die Zeilen eins, vier und sieben identisch.

GEGENSTANDSBESCHREIBUNG

In der Schule werden häufig Gegenstände verloren. Diese Kinder müssen ihre Wertsachen genau beschreiben, weil andere ähnliche Dinge verloren haben. So kann es zu keiner Verwechslung kommen. Wichtig ist hierbei zu beschreiben, was es ist, aus welchem Material es ist und welche Farbe es hat.
Lies, fülle die Tabelle aus und finde heraus:

Aus welchem Material ist Christians verlorener Gegenstand? ______________________

	Christian 	**Tamara** 	**Lukas** 	**Vivien** 
Gegenstand				
Farbe				
Material				

1. Der braune Gegenstand ist zwischen dem schwarzen und dem silberfarbenen Gegenstand.
2. Ein Gegenstand besteht aus Polyester.
3. Die Uhr ist zwischen der Tasche und der Geldbörse.
4. Der rote Gegenstand ist aus Baumwolle.
5. Der Sportbeutel ist schwarz.
6. Vivien hat eine Tasche verloren.
7. Der Gegenstand aus Metall ist zwischen dem Gegenstand, der aus Baumwolle ist, und dem, der aus Leder ist.

GEGENSTANDSBESCHREIBUNG

In der Schule werden häufig Gegenstände verloren. Diese Kinder müssen ihre Wertsachen genau beschreiben, weil andere ähnliche Dinge verloren haben. So kann es zu keiner Verwechslung kommen. Wichtig ist hierbei zu beschreiben, was es ist, aus welchem Material es ist und welche Farbe es hat.
Lies, fülle die Tabelle aus und finde heraus:

Aus welchem Material ist Christians verlorener Gegenstand? ______________________

	Alexander 	Christian 	Tamara 	Lukas 	Vivien 
Gegenstand					
Farbe					
Material					

1. Der schwarze Gegenstand ist zwischen dem braunen und dem blauen Gegenstand.
2. Die Uhr ist zwischen der Tasche und der Geldbörse.
3. Der Gegenstand aus Polyester ist zwischen dem Gegenstand aus Kunstleder und dem Gegenstand aus Leder.
4. Der rote Gegenstand ist aus Baumwolle.
5. Die Turnschuhe sind blau.
6. Der silberfarbene Gegenstand ist neben dem braunen Gegenstand.
7. Der Gegenstand aus Metall ist zwischen dem Gegenstand aus Leder und dem Gegenstand aus Baumwolle.
8. Vivien hat eine Tasche verloren.
9. Der Sportbeutel ist neben der Geldbörse.

GEGENSTANDSBESCHREIBUNG

In der Schule werden häufig Gegenstände verloren. Diese Kinder müssen ihre Wertsachen genau beschreiben, weil andere ähnliche Dinge verloren haben. So kann es zu keiner Verwechslung kommen. Wichtig ist hierbei zu beschreiben, was es ist, aus welchem Material es ist und welche Farbe es hat.
Lies, fülle die Tabelle aus und finde heraus:

Aus welchem Material ist Christians verlorener Gegenstand? **Polyester**

Mögliche Lösung: 6 – 3 – 5 – 1 – 4 – 7 – 2

	Christian	Tamara	Lukas	Vivien
Gegenstand	Sportbeutel	Geldbörse	Uhr	Tasche
Farbe	schwarz	braun	silberfarben	rot
Material	**Polyester**	Leder	Metall	Baumwolle

6. Vivien hat eine Tasche verloren.
3. Die Uhr ist zwischen der Tasche und der Geldbörse.
5. Der Sportbeutel ist schwarz.
1. Der braune Gegenstand ist zwischen dem schwarzen und dem silberfarbenen Gegenstand.
4. Der rote Gegenstand ist aus Baumwolle.
7. Der Gegenstand aus Metall ist zwischen dem Gegenstand, der aus Baumwolle ist, und dem, der aus Leder ist.
2. Ein Gegenstand besteht aus Polyester.

GEGENSTANDSBESCHREIBUNG

In der Schule werden häufig Gegenstände verloren. Diese Kinder müssen ihre Wertsachen genau beschreiben, weil andere ähnliche Dinge verloren haben. So kann es zu keiner Verwechslung kommen. Wichtig ist hierbei zu beschreiben, was es ist, aus welchem Material es ist und welche Farbe es hat.
Lies, fülle die Tabelle aus und finde heraus:

Aus welchem Material ist Christians verlorener Gegenstand? **Polyester**

Mögliche Lösung: 8 – 2 – 9 – 5 – 1 – 6 – 4 – 7 – 3

	Alexander	Christian	Tamara	Lukas	Vivien
Gegenstand	Turnschuhe	Sportbeutel	Geldbörse	Uhr	Tasche
Farbe	blau	schwarz	braun	silberfarben	rot
Material	Kunstleder	**Polyester**	Leder	Metall	Baumwolle

8. Vivien hat eine Tasche verloren.
2. Die Uhr ist zwischen der Tasche und der Geldbörse.
9. Der Sportbeutel ist neben der Geldbörse.
5. Die Turnschuhe sind blau.
1. Der schwarze Gegenstand ist zwischen dem braunen und dem blauen Gegenstand.
6. Der silberfarbene Gegenstand ist neben dem braunen Gegenstand.
4. Der rote Gegenstand ist aus Baumwolle.
7. Der Gegenstand aus Metall ist zwischen dem Gegenstand aus Leder und dem Gegenstand aus Baumwolle.
3. Der Gegenstand aus Polyester ist zwischen dem Gegenstand aus Kunstleder und dem Gegenstand aus Leder.

JUGENDROMAN

Romane sind schriftliche Erzählungen. Sie nehmen dich mit in andere Welten oder Zeiten. Für Kinder und Jugendliche gibt es Jugendromane, in denen die Hauptfiguren meist im gleichen Alter der Lesenden sind. So macht das Lesen gleich viel mehr Spaß.
Hier sind einige Jugendromane aus verschiedenen Jahrhunderten, die heute noch gern gelesen werden.
Lies, trage in die Tabelle ein und finde heraus:

Welches Buch erschien 2008? ____________________

Autorin/ Autor				
Titel				
Erschei-nungsjahr				

1. Andreas Steinhöfel schrieb „Rico, Oskar und die Tieferschatten“.
2. Das Buch von 1929 steht zwischen dem von 1973 und dem von 1719.
3. Ganz rechts steht ein Buch von Astrid Lindgren.
4. Ein Buch von Daniel Defoe steht neben dem von Erich Kästner.
5. Zwischen „Rico, Oskar und die Tieferschatten“ und „Emil und die Detektive“ steht „Robinson Crusoe“.
6. Neben dem Buch von Astrid Lindgren steht ein Buch von Erich Kästner.
7. Im Jahr 1973 erschien „Die Brüder Löwenherz“.

JUGENDROMAN

Romane sind schriftliche Erzählungen. Sie nehmen dich mit in andere Welten oder Zeiten. Für Kinder und Jugendliche gibt es Jugendromane, in denen die Hauptfiguren meist im gleichen Alter der Lesenden sind. So macht das Lesen gleich viel mehr Spaß.
Hier sind einige Jugendromane aus verschiedenen Jahrhunderten, die heute noch gern gelesen werden.
Lies, trage in die Tabelle ein und finde heraus:

Welches Buch erschien 2008? ______________________

Autorin/ Autor					
Titel					
Erschei-nungsjahr					

1. Zwischen „Rico, Oskar und die Tieferschatten“ und „Emil und die Detektive“ steht „Robinson Crusoe“.
2. „Der kleine Prinz“ erschien im Jahr 1943.
3. Das Buch von 1929 steht zwischen dem von 1973 und dem Buch von 1719.
4. Zwischen dem Buch von Astrid Lindgren und einem Buch von Daniel Defoe steht ein Buch von Erich Kästner.
5. Andreas Steinhöfel schrieb „Rico, Oskar und die Tieferschatten“.
6. Im Jahr 1973 schrieb eine Frau „Die Brüder Löwenherz“.
7. Das Buch von Antoine de Saint-Exupéry steht nicht neben dem von Daniel Defoe.
8. Ganz rechts steht ein Buch von Astrid Lindgren.
9. Ein Buch erschien im Jahr 2008.

JUGENDROMAN

Romane sind schriftliche Erzählungen. Sie nehmen dich mit in andere Welten oder Zeiten. Für Kinder und Jugendliche gibt es Jugendromane, in denen die Hauptfiguren meist im gleichen Alter der Lesenden sind. So macht das Lesen gleich viel mehr Spaß.
Hier sind einige Jugendromane aus verschiedenen Jahrhunderten, die heute noch gern gelesen werden.
Lies, trage in die Tabelle ein und finde heraus:

Welches Buch erschien 2008? **Rico, Oskar und die Tieferschatten**

Mögliche Lösung: 3 – 6 – 4 – 1 – 5 – 7 – 2

Autorin/ Autor	Andreas Steinhöfel	Daniel Defoe	Erich Kästner	Astrid Lindgren
Titel	Rico, Oskar und die Tiefer-schatten	Robinson Crusoe	Emil und die Detektive	Die Brüder Löwenherz
Erschei-nungsjahr	**2008**	1719	1929	1973

3. Ganz rechts steht ein Buch von Astrid Lindgren.
6. Neben dem Buch von Astrid Lindgren steht ein Buch von Erich Kästner.
4. Ein Buch von Daniel Defoe steht neben dem von Erich Kästner.
1. Andreas Steinhöfel schrieb „Rico, Oskar und die Tieferschatten“.
5. Zwischen „Rico, Oskar und die Tieferschatten“ und „Emil und die Detektive“ steht „Robinson Crusoe“.
7. Im Jahr 1973 erschien „Die Brüder Löwenherz“.
2. Das Buch von 1929 steht zwischen dem von 1973 und dem von 1719.

JUGENDROMAN

Romane sind schriftliche Erzählungen. Sie nehmen dich mit in andere Welten oder Zeiten. Für Kinder und Jugendliche gibt es Jugendromane, in denen die Hauptfiguren meist im gleichen Alter der Lesenden sind. So macht das Lesen gleich viel mehr Spaß.
Hier sind einige Jugendromane aus verschiedenen Jahrhunderten, die heute noch gern gelesen werden.
Lies, trage in die Tabelle ein und finde heraus:

Welches Buch erschien 2008? **Rico, Oskar und die Tieferschatten**

Mögliche Lösung: 8 – 4 – 7 – 5 – 1 – 6 – 3 – 2 – 9

Autorin/ Autor	Antoine de Saint-Exupéry	Andreas Steinhöfel	Daniel Defoe	Erich Käst-ner	Astrid Lind-gren
Titel	Der kleine Prinz	Rico, Oskar und die Tieferschat-ten	Robinson Crusoe	Emil und die Detek-tive	Die Brüder Löwenherz
Erschei-nungsjahr	1943	**2008**	1719	1929	1973

8. Ganz rechts steht ein Buch von Astrid Lindgren.
4. Zwischen dem Buch von Astrid Lindgren und einem Buch von Daniel Defoe steht ein Buch von Erich Kästner.
7. Das Buch von Antoine de Saint-Exupéry steht nicht neben dem von Daniel Defoe.
5. Andreas Steinhöfel schrieb „Rico, Oskar und die Tieferschatten“.
1. Zwischen „Rico, Oskar und die Tieferschatten“ und „Emil und die Detektive“ steht „Robinson Crusoe“.
6. Im Jahr 1973 schrieb eine Frau „Die Brüder Löwenherz“.
3. Das Buch von 1929 steht zwischen dem von 1973 und dem Buch von 1719.
2. „Der kleine Prinz“ erschien im Jahr 1943.
9. Ein Buch erschien im Jahr 2008.

MÄRCHEN – DIE BRÜDER GRIMM

Das Wort Märchen stammt von dem mittelhochdeutschen Wort „Märe“ und bedeutet „Nachricht, Kunde“.
Die Brüder Grimm sammelten zwischen 1812 und 1858 Märchen und Sagen und schrieben sie auf. Hier findest du eine Sammlung ihrer Märchen.
Lies, fülle die Tabelle aus und male die Bücher aus. Finde heraus:

In welchem Buch steht das Märchen „Aschenputtel“? ____________________

Buchfarbe	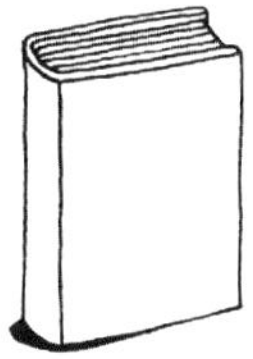	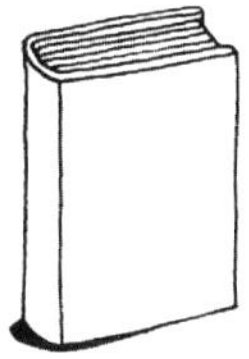	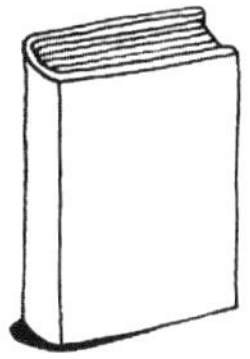	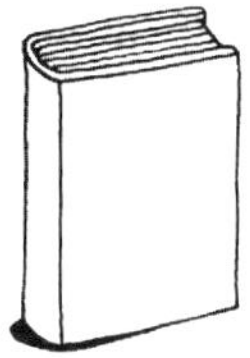
Märchen 1				
Märchen 2				

1. In einem Buch stehen „Frau Holle“ und „Rotkäppchen“.
2. Im gelben Buch steht „Rapunzel“.
3. Zwischen dem roten und dem blauen Buch ist ein grünes Buch.
4. Neben dem Buch mit „Rotkäppchen“ steht ein Buch mit dem Märchen „Der Froschkönig“.
5. Zwischen „Rapunzel“ und „Schneewittchen“ ist das Buch mit „Dornröschen“.
6. Das Buch mit „Hänsel und Gretel“ steht nicht neben dem Buch mit dem „Froschkönig“.
7. Das Buch ganz rechts ist rot.

MÄRCHEN – DIE BRÜDER GRIMM

Das Wort Märchen stammt von dem mittelhochdeutschen Wort „Märe“ und bedeutet „Nachricht, Kunde“.
Die Brüder Grimm sammelten zwischen 1812 und 1858 Märchen und Sagen und schrieben sie auf. Hier findest du eine Sammlung ihrer Märchen.
Lies, fülle die Tabelle aus und male die Bücher aus. Finde heraus:

In welchem Buch steht das Märchen „Aschenputtel“? ____________________

Buchfarbe			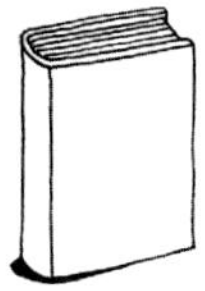	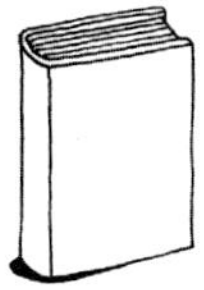
Märchen 1				
Märchen 2				
Märchen 3				

1. Zwischen „Rapunzel“ und „Schneewittchen“ ist das Buch mit „Dornröschen“.
2. Das Buch ganz rechts ist rot.
3. Im gelben Buch steht „Rapunzel“.
4. Neben dem Buch mit „Der Wolf und die sieben Geißlein“ ist das Buch „Das tapfere Schneiderlein“.
5. Neben dem Buch mit „Rotkäppchen“ steht ein Buch mit dem Märchen „Der Froschkönig“.
6. Das Märchen „Die Bremer Stadtmusikanten“ ist nicht in dem Buch „Das tapfere Schneiderlein“.
7. In einem der Bücher stehen „Frau Holle“, „Rotkäppchen“ und „Tischlein deck dich“.
8. Zwischen dem roten und dem blauen Buch ist ein grünes Buch.
9. Das Buch mit „Hänsel und Gretel“ und „Der Wolf und die sieben Geißlein“ steht nicht neben dem Buch mit dem „Froschkönig“.

Märchen – Die Brüder Grimm

MÄRCHEN – DIE BRÜDER GRIMM

Das Wort Märchen stammt von dem mittelhochdeutschen Wort „Märe“ und bedeutet „Nachricht, Kunde“.
Die Brüder Grimm sammelten zwischen 1812 und 1858 Märchen und Sagen und schrieben sie auf. Hier findest du eine Sammlung ihrer Märchen.
Lies, fülle die Tabelle aus und male die Bücher aus. Finde heraus:

In welchem Buch steht das Märchen „Aschenputtel“? **Im blauen Buch**

Mögliche Lösung: 7 – 3 – 2 – 5 – 1 – 4 – 6

Buchfarbe	gelb	blau	grün	rot
Märchen 1	Rapunzel	Dornröschen	Schneewittchen	Frau Holle
Märchen 2	Hänsel und Gretel	**Aschenputtel**	Der Froschkönig	Rotkäppchen

7. Das Buch ganz rechts ist rot.
3. Zwischen dem roten und dem blauen Buch ist ein grünes Buch.
2. Im gelben Buch steht „Rapunzel“.
5. Zwischen „Rapunzel“ und „Schneewittchen“ ist das Buch mit „Dornröschen“.
1. In einem Buch stehen „Frau Holle“ und „Rotkäppchen“.
4. Neben dem Buch mit „Rotkäppchen“ steht ein Buch mit dem Märchen „Der Froschkönig“.
6. Das Buch mit „Hänsel und Gretel“ steht nicht neben dem Buch mit dem „Froschkönig“.

MÄRCHEN – DIE BRÜDER GRIMM

Das Wort Märchen stammt von dem mittelhochdeutschen Wort „Märe“ und bedeutet „Nachricht, Kunde“.
Die Brüder Grimm sammelten zwischen 1812 und 1858 Märchen und Sagen und schrieben sie auf. Hier findest du eine Sammlung ihrer Märchen.
Lies, fülle die Tabelle aus und male die Bücher aus. Finde heraus:

In welchem Buch steht das Märchen „Aschenputtel“? **Im blauen Buch**

Mögliche Lösung: 2 – 8 – 3 – 1 – 7 – 5 – 9 – 4 – 6

Buchfarbe	gelb	blau	grün	rot
Märchen 1	Rapunzel	Dornröschen	Schneewittchen	Frau Holle
Märchen 2	Hänsel und Gretel	**Aschenputtel**	Der Froschkönig	Rotkäppchen
Märchen 3	Der Wolf und die sieben Geißlein	Das tapfere Schneiderlein	Die Bremer Stadtmusikanten	Tischlein deck dich

2. Das Buch ganz rechts ist rot.
8. Zwischen dem roten und dem blauen Buch ist ein grünes Buch.
3. Im gelben Buch steht „Rapunzel“.
1. Zwischen „Rapunzel“ und „Schneewittchen“ ist das Buch mit „Dornröschen“.
7. In einem der Bücher stehen „Frau Holle“, „Rotkäppchen“ und „Tischlein deck dich“.
5. Neben dem Buch mit „Rotkäppchen“ steht ein Buch mit dem Märchen „Der Froschkönig“.
9. Das Buch mit „Hänsel und Gretel“ und „Der Wolf und die sieben Geißlein“ steht nicht neben dem Buch mit dem „Froschkönig“.
4. Neben dem Buch mit „Der Wolf und die sieben Geißlein“ ist das Buch „Das tapfere Schneiderlein“.
6. Das Märchen „Die Bremer Stadtmusikanten“ ist nicht in dem Buch „Das tapfere Schneiderlein“.

MÄRCHEN – HANS CHRISTIAN ANDERSEN

Anders als die Brüder Grimm, schrieb Hans Christian Andersen aus Dänemark 156 Märchen selbst. Andersen lebte von 1805 bis 1875. Hier findest du eine Sammlung seiner Märchen.
Lies, fülle die Tabelle aus und male die Bücher aus. Finde heraus:

In welchem Buch steht das Märchen „Die kleine Meerjungfrau“? ______________________________

Buchfarbe	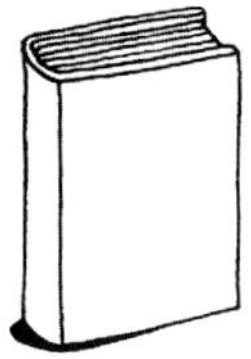	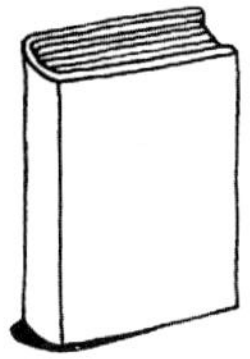	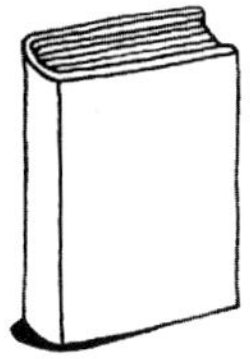	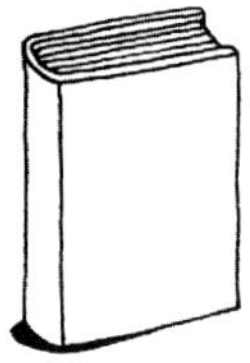
Märchen 1				
Märchen 2				

1. Zwischen der „Prinzessin auf der Erbse“ und „Die Schneekönigin“ ist das Märchen „Des Kaisers neue Kleider“.
2. Das gelbe Buch ist neben dem roten Buch.
3. Neben dem „Mädchen mit den Schwefelhölzern“ ist „Das hässliche Entlein“.
4. Das grüne Buch steht ganz links, neben dem roten Buch.
5. In einem Buch stehen „Däumelinchen“ und „Das Mädchen mit den Schwefelhölzern“.
6. Das Märchen „Der standhafte Zinnsoldat“ ist nicht neben dem Märchen „Das hässliche Entlein“.
7. „Die Prinzessin auf der Erbse“ steht im blauen Buch.

MÄRCHEN – HANS CHRISTIAN ANDERSEN

Anders als die Brüder Grimm, schrieb Hans Christian Andersen aus Dänemark 156 Märchen selbst. Andersen lebte von 1805 bis 1875. Hier findest du eine Sammlung seiner Märchen.
Lies, fülle die Tabelle aus und male die Bücher aus. Finde heraus:

In welchem Buch steht das Märchen „Die kleine Meerjungfrau“? ______________________

Buchfarbe				
Märchen 1				
Märchen 2				
Märchen 3				

1. „Die Prinzessin auf der Erbse“ steht im blauen Buch.
2. „Die roten Schuhe“ sind nicht neben dem Märchen vom Schneeglöckchen.
3. In einem Buch stehen „Däumelinchen“, „Das Mädchen mit den Schwefelhölzern“ und „Der Stein der Weisen“.
4. Das Märchen „Der standhafte Zinnsoldat“ ist nicht neben dem Märchen „Das hässliche Entlein“.
5. Das grüne Buch steht ganz links, neben dem roten Buch.
6. Zwischen der „Prinzessin auf der Erbse“ und „Die Schneekönigin“ ist das Märchen „Des Kaisers neue Kleider“.
7. Zwischen dem Märchen „Das Schneeglöckchen“ und dem Märchen „Die roten Schuhe“ ist das Märchen „Die wilden Schwäne“.
8. Neben dem „Stein der Weisen“ ist „Das hässliche Entlein“.
9. Das gelbe Buch ist neben dem roten Buch.

MÄRCHEN – HANS CHRISTIAN ANDERSEN

Anders als die Brüder Grimm, schrieb Hans Christian Andersen aus Dänemark 156 Märchen selbst. Andersen lebte von 1805 bis 1875. Hier findest du eine Sammlung seiner Märchen.
Lies, fülle die Tabelle aus und male die Bücher aus. Finde heraus:

In welchem Buch steht das Märchen „Die kleine Meerjungfrau“? **Im gelben Buch**

Mögliche Lösung: 4 – 2 – 7 – 1 – 5 – 3 – 6

Buchfarbe	grün	rot	**gelb**	blau
Märchen 1	Däumelinchen	Die Schneekönigin	Des Kaisers neue Kleider	Die Prinzessin auf der Erbse
Märchen 2	Das Mädchen mit den Schwefelhölzern	Das hässliche Entlein	**Die kleine Meerjungfrau**	Der standhafte Zinnsoldat

4. Das grüne Buch steht ganz links, neben dem roten Buch.
2. Das gelbe Buch ist neben dem roten Buch.
7. „Die Prinzessin auf der Erbse“ steht im blauen Buch.
1. Zwischen der „Prinzessin auf der Erbse“ und „Die Schneekönigin“ ist das Märchen „Des Kaisers neue Kleider“.
5. In einem Buch stehen „Däumelinchen“ und „Das Mädchen mit den Schwefelhölzern“.
3. Neben dem „Mädchen mit den Schwefelhölzern“ ist „Das hässliche Entlein“.
6. Das Märchen „Der standhafte Zinnsoldat“ ist nicht neben dem Märchen „Das hässliche Entlein“.

MÄRCHEN – HANS CHRISTIAN ANDERSEN

Anders als die Brüder Grimm, schrieb Hans Christian Andersen aus Dänemark 156 Märchen selbst. Andersen lebte von 1805 bis 1875. Hier findest du eine Sammlung seiner Märchen.
Lies, fülle die Tabelle aus und male die Bücher aus. Finde heraus:

In welchem Buch steht das Märchen „Die kleine Meerjungfrau“? **Im gelben Buch**

Mögliche Lösung: 5 – 9 – 1 – 6 – 3 – 8 – 4 – 2 – 7

Buchfarbe	grün	rot	**gelb**	blau
Märchen 1	Däumelinchen	Die Schneekönigin	Des Kaisers neue Kleider	Die Prinzessin auf der Erbse
Märchen 2	Das Mädchen mit den Schwefelhölzern	Das hässliche Entlein	Die wilden Schwäne	Der standhafte Zinnsoldat
Märchen 3	Der Stein der Weisen	Die roten Schuhe	**Die kleine Meerjungfrau**	Das Schneeglöckchen

5. Das grüne Buch steht ganz links, neben dem roten Buch.
9. Das gelbe Buch ist neben dem roten Buch.
1. „Die Prinzessin auf der Erbse“ steht im blauen Buch.
6. Zwischen der „Prinzessin auf der Erbse“ und „Die Schneekönigin“ ist das Märchen „Des Kaisers neue Kleider“.
3. In einem Buch stehen „Däumelinchen“, „Das Mädchen mit den Schwefelhölzern“ und „Der Stein der Weisen“.
8. Neben dem „Stein der Weisen“ ist „Das hässliche Entlein“.
4. Das Märchen „Der standhafte Zinnsoldat“ ist nicht neben dem Märchen „Das hässliche Entlein“.
2. „Die roten Schuhe“ sind nicht neben dem Märchen vom Schneeglöckchen.
7. Zwischen dem Märchen „Das Schneeglöckchen“ und dem Märchen „Die roten Schuhe“ ist das Märchen „Die wilden Schwäne“.

MÄRCHEN AUS ALLER WELT

Märchen gibt es überall auf der Welt. Sie werden mündlich überliefert und dann schließlich von jemandem schriftlich festgehalten oder von einigen Schriftstellerinnen und Schriftstellern auch selbst geschrieben.
Hier findest du verschiedene Märchen aus unterschiedlichen Ländern. Kennst du sie?
Lies, fülle die Tabelle aus und finde heraus:

Wie heißt das Märchen von Wilhelm Hauff? ______________________

Land			
ungefähres Erscheinungsjahr			
Autor			
Märchen			

1. Neben Wilhelm Hauff ist der Autor Joseph Jacobs.
2. „Hans und die Bohnenranke“ ist zwischen „Die Geschichte vom kleinen Muck“ und den Märchen von „Baba Jaga“.
3. Wilhelm Hauff schrieb sein Märchen 1826.
4. Links ist ein Märchen aus Deutschland.
5. Die Märchen aus Russland wurden zwischen 1855 und 1867 geschrieben.
6. Alexander Nikolajewitsch Afanassjew schrieb Märchen über die Hexe „Baba Jaga“.
7. Neben dem Märchen aus Deutschland ist ein Märchen aus Australien von 1890.

MÄRCHEN AUS ALLER WELT

Märchen gibt es überall auf der Welt. Sie werden mündlich überliefert und dann schließlich von jemandem schriftlich festgehalten oder von einigen Schriftstellerinnen und Schriftstellern auch selbst geschrieben.
Hier findest du verschiedene Märchen aus unterschiedlichen Ländern. Kennst du sie?
Lies, fülle die Tabelle aus und finde heraus:

Wie heißt das Märchen von Wilhelm Hauff? ______________________

Land				
ungefähres Erscheinungsjahr				
Autor				
Märchen				

1. Links ist ein Märchen aus Deutschland.
2. Wilhelm Hauff schrieb sein Märchen 1826.
3. Ein weiteres Märchen aus Deutschland wurde 1973 geschrieben.
4. Michael Ende schrieb das Märchen „Momo“.
5. Das Märchen über die Hexe „Baba Jaga“ ist zwischen den Märchen „Hans und die Bohnenranke“ und „Die Geschichte vom kleinen Muck“.
6. Zwischen dem Märchen aus Deutschland und dem Märchen aus Australien ist ein Märchen aus Russland.
7. Das Märchen „Hans und die Bohnenranke“ ist neben dem Märchen „Momo“.
8. Das Märchen von 1890 ist zwischen dem Märchen von 1973 und den Märchen von 1855 bis 1867.
9. Zwischen Wilhelm Hauff und Joseph Jacobs ist der Autor Alexander Nikolajewitsch Afanassjew.

Märchen aus aller Welt

MÄRCHEN AUS ALLER WELT

Märchen gibt es überall auf der Welt. Sie werden mündlich überliefert und dann schließlich von jemandem schriftlich festgehalten oder von einigen Schriftstellerinnen und Schriftstellern auch selbst geschrieben.
Hier findest du verschiedene Märchen aus unterschiedlichen Ländern. Kennst du sie?
Lies, fülle die Tabelle aus und finde heraus:

Wie heißt das Märchen von Wilhelm Hauff? **Die Geschichte vom kleinen Muck**

Mögliche Lösung: 4 – 7 – 5 – 3 – 1 – 6 – 2

Land	Deutschland	Australien	Russland
ungefähres Erscheinungsjahr	1826	1890	1855–1867
Autor	Wilhelm Hauff	Joseph Jacobs	Alexander Nikolajewitsch Afanassjew
Märchen	**Die Geschichte vom kleinen Muck**	Hans und die Bohnenranke	Baba Jaga

4. Links ist ein Märchen aus Deutschland.
7. Neben dem Märchen aus Deutschland ist ein Märchen aus Australien von 1890.
5. Die Märchen aus Russland wurden zwischen 1855 und 1867 geschrieben.
3. Wilhelm Hauff schrieb sein Märchen 1826.
1. Neben Wilhelm Hauff ist der Autor Joseph Jacobs.
6. Alexander Nikolajewitsch Afanassjew schrieb Märchen über die Hexe „Baba Jaga".
2. „Hans und die Bohnenranke" ist zwischen „Die Geschichte vom kleinen Muck" und den Märchen von „Baba Jaga".

MÄRCHEN AUS ALLER WELT

Märchen gibt es überall auf der Welt. Sie werden mündlich überliefert und dann schließlich von jemandem schriftlich festgehalten oder von einigen Schriftstellerinnen und Schriftstellern auch selbst geschrieben.
Hier findest du verschiedene Märchen aus unterschiedlichen Ländern. Kennst du sie?
Lies, fülle die Tabelle aus und finde heraus:

Wie heißt das Märchen von Wilhelm Hauff? **Die Geschichte vom kleinen Muck**

Mögliche Lösung: 1 – 6 – 3 – 8 – 2 – 9 – 4 – 7 – 5

Land	Deutschland	Russland	Australien	Deutschland
ungefähres Erscheinungsjahr	1826	1855–1867	1890	1973
Autor	Wilhelm Hauff	Alexander Nikolajewitsch Afanassjew	Joseph Jacobs	Michael Ende
Märchen	**Die Geschichte vom kleinen Muck**	Baba Jaga	Hans und die Bohnenranke	Momo

1. Links ist ein Märchen aus Deutschland.
6. Zwischen dem Märchen aus Deutschland und dem Märchen aus Australien ist ein Märchen aus Russland.
3. Ein weiteres Märchen aus Deutschland wurde 1973 geschrieben.
8. Das Märchen von 1890 ist zwischen dem Märchen von 1973 und den Märchen von 1855 bis 1867.
2. Wilhelm Hauff schrieb sein Märchen 1826.
9. Zwischen Wilhelm Hauff und Joseph Jacobs ist der Autor Alexander Nikolajewitsch Afanassjew.
4. Michael Ende schrieb das Märchen „Momo".
7. Das Märchen „Hans und die Bohnenranke" ist neben dem Märchen „Momo".
5. Das Märchen über die Hexe „Baba Jaga" ist zwischen den Märchen „Hans und die Bohnenranke" und „Die Geschichte vom kleinen Muck".

PERSONENBESCHREIBUNG

Nicht nur bei der Polizei müssen genaue Personenbeschreibungen erfolgen, damit die Täter gefasst werden können. Irrtümer können hier fatal sein.
Diese Verdächtigen stehen bereit zur Identifizierung. Sie sollen Handtaschen entwendet haben. Bei der Beschreibung der Person sind äußerliche Merkmale, wie Größe, Haarfarbe und Statur, wichtig.
Lies, fülle die Tabelle aus und finde heraus:

Welche Statur hat Verdächtiger 2? ______________________

	Verdächtiger 1	Verdächtiger 2	Verdächtiger 3	Verdächtiger 4
Haarfarbe				
Größe				
Statur				

1. Zwischen dem 1,60 m großen und dem 1,90 m großen Verdächtigen ist einer, der etwa 1,70 m groß ist.
2. Zwischen dem muskulös aussehenden Verdächtigen und dem korpulenten Verdächtigen ist einer, der einen dicken Bauch hat.
3. Zwischen dem Verdächtigen mit den schwarzen Haaren und dem mit den blonden Haaren ist ein Verdächtiger mit grauen Haaren.
4. Der zwei Meter große Verdächtige ist sehr hager.
5. Der Verdächtige ganz rechts hat schwarze Haare.
6. Der Verdächtige mit den braunen Haaren ist etwa 1,60 m groß.
7. Neben dem hageren Verdächtigen ist ein Verdächtiger, der muskulös aussieht.

PERSONENBESCHREIBUNG

Nicht nur bei der Polizei müssen genaue Personenbeschreibungen erfolgen, damit die Täter gefasst werden können. Irrtümer können hier fatal sein.

Diese Verdächtigen stehen bereit zur Identifizierung. Sie sollen Handtaschen entwendet haben. Bei der Beschreibung der Person sind äußerliche Merkmale, wie Größe, Haarfarbe und Statur, wichtig.

Lies, fülle die Tabelle aus und finde heraus:

Welche Statur hat Verdächtiger 2? ______________________________

	Verdächtiger 1	**Verdächtiger 2**	**Verdächtiger 3**	**Verdächtiger 4**
Haarfarbe				
Größe				
besondere Merkmale				
Statur				

1. Neben dem Verdächtigen mit der Brille ist ein Verdächtiger mit Schirmmütze.
2. Zwischen dem Verdächtigen mit den schwarzen Haaren und dem mit den blonden Haaren ist ein Verdächtiger mit grauen Haaren.
3. Der zwei Meter große Verdächtige trägt eine Brille und ist hager.
4. Der korpulente Verdächtige hat einen großen Leberfleck auf der Wange.
5. Der Verdächtige mit den braunen Haaren ist etwa 1,60 m groß.
6. Der Verdächtige ganz rechts hat schwarze Haare.
7. Der Verdächtige mit dem dicken Bauch ist zwischen dem korpulenten Verdächtigen und dem mit muskulöser Statur.
8. Zwischen dem 1,60 m großen und dem 1,90 m großen Verdächtigen ist einer, der etwa 1,70 m groß ist.
9. Der Verdächtige mit dem Vollbart ist neben dem mit der Schirmmütze.

PERSONENBESCHREIBUNG

Nicht nur bei der Polizei müssen genaue Personenbeschreibungen erfolgen, damit die Täter gefasst werden können. Irrtümer können hier fatal sein.
Diese Verdächtigen stehen bereit zur Identifizierung. Sie sollen Handtaschen entwendet haben. Bei der Beschreibung der Person sind äußerliche Merkmale, wie Größe, Haarfarbe und Statur, wichtig.
Lies, fülle die Tabelle aus und finde heraus:

Welche Statur hat Verdächtiger 2? **dicker Bauch**

Mögliche Lösung: 5 – 3 – 6 – 1 – 4 – 7 – 2

	Verdächtiger 1	Verdächtiger 2	Verdächtiger 3	Verdächtiger 4
Haarfarbe	braun	blond	grau	schwarz
Größe	1,60 m	1,70 m	1,90 m	2 m
Statur	korpulent	**dicker Bauch**	muskulös	hager

5. Der Verdächtige ganz rechts hat schwarze Haare.
3. Zwischen dem Verdächtigen mit den schwarzen Haaren und dem mit den blonden Haaren ist ein Verdächtiger mit grauen Haaren.
6. Der Verdächtige mit den braunen Haaren ist etwa 1,60 m groß.
1. Zwischen dem 1,60 m großen und dem 1,90 m großen Verdächtigen ist einer, der etwa 1,70 m groß ist.
4. Der zwei Meter große Verdächtige ist sehr hager.
7. Neben dem hageren Verdächtigen ist ein Verdächtiger, der muskulös aussieht.
2. Zwischen dem muskulös aussehenden Verdächtigen und dem korpulenten Verdächtigen ist einer, der einen dicken Bauch hat.

PERSONENBESCHREIBUNG

Nicht nur bei der Polizei müssen genaue Personenbeschreibungen erfolgen, damit die Täter gefasst werden können. Irrtümer können hier fatal sein.
Diese Verdächtigen stehen bereit zur Identifizierung. Sie sollen Handtaschen entwendet haben. Bei der Beschreibung der Person sind äußerliche Merkmale, wie Größe, Haarfarbe und Statur, wichtig.
Lies, fülle die Tabelle aus und finde heraus:

Welche Statur hat Verdächtiger 2? **dicker Bauch**

Mögliche Lösung: 6 – 2 – 5 – 8 – 3 – 1 – 9 – 4 – 7

	Verdächtiger 1	Verdächtiger 2	Verdächtiger 3	Verdächtiger 4
Haarfarbe	braun	blond	grau	schwarz
Größe	1,60 m	1,70 m	1,90 m	2 m
besondere Merkmale	großer Leberfleck auf der Wange	Vollbart	Schirmmütze	Brille
Statur	korpulent	**dicker Bauch**	muskulös	hager

6. Der Verdächtige ganz rechts hat schwarze Haare.
2. Zwischen dem Verdächtigen mit den schwarzen Haaren und dem mit den blonden Haaren ist ein Verdächtiger mit grauen Haaren.
5. Der Verdächtige mit den braunen Haaren ist etwa 1,60 m groß.
8. Zwischen dem 1,60 m großen und dem 1,90 m großen Verdächtigen ist einer, der etwa 1,70 m groß ist.
3. Der zwei Meter große Verdächtige trägt eine Brille und ist hager.
1. Neben dem Verdächtigen mit der Brille ist ein Verdächtiger mit Schirmmütze.
9. Der Verdächtige mit dem Vollbart ist neben dem mit der Schirmmütze.
4. Der korpulente Verdächtige hat einen großen Leberfleck auf der Wange.
7. Der Verdächtige mit dem dicken Bauch ist zwischen dem korpulenten Verdächtigen und dem mit muskulöser Statur.

SAGEN

Das Wort „Sage“ stammt von dem althochdeutschen Wort „saga“ und bedeutet: Gesagtes, Gesprochenes. Sagen sind mündlich überlieferte Erzählungen, die jedoch wahrscheinlich auf einer wahren Begebenheit basieren. Die Verfasserinnen und Verfasser sind nicht bekannt, aber sie wurden von Menschen irgendwann zu Papier gebracht.
Hier findest du verschiedene Sagen, Sagentypen und Hauptpersonen.
Lies, fülle die Tabelle aus und finde heraus:

Welcher Sagentyp ist „Rübezahl“? ____________________

Sagentyp				
Name der Sage				
Hauptperson				

1. Zwischen „Der Rattenfänger von Hameln“ und dem „Nibelungenlied“ ist „Die Odyssee“.
2. Die Göttersage ist zwischen der Volkssage und der Heldensage.
3. Die Hauptperson „Siegfried, der Drachentöter“ ist zwischen dem launischen Berggeist und Odysseus.
4. Ein Sagentyp ist die lokale oder Heimatsage.
5. In der Sage „Rübezahl“ ist ein launischer Berggeist die Hauptperson.
6. Ganz links ist die Sage „Der Rattenfänger von Hameln“.
7. Ein unbekannter Mann ist die Hauptfigur einer Volkssage.

SAGEN

Das Wort „Sage“ stammt von dem althochdeutschen Wort „saga“ und bedeutet: Gesagtes, Gesprochenes. Sagen sind mündlich überlieferte Erzählungen, die jedoch wahrscheinlich auf einer wahren Begebenheit basieren. Die Verfasserinnen und Verfasser sind nicht bekannt, aber sie wurden von Menschen irgendwann zu Papier gebracht.
Hier findest du verschiedene Sagen, Sagentypen, Hauptpersonen und ungefähre Zeitangaben bezüglich der Niederschrift.
Lies, fülle die Tabelle aus und finde heraus:

Welcher Sagentyp ist „Rübezahl“? ______________________________

Sagentyp				
Name der Sage				
Hauptperson				
ungefähre Zeit der Niederschrift				

1. Zwischen „Der Rattenfänger von Hameln“ und dem „Nibelungenlied“ ist „Die Odyssee“.
2. Ganz rechts ist eine Sage aus dem 16. Jahrhundert.
3. Die Göttersage ist zwischen der Volkssage und der Heldensage.
4. Die Hauptperson „Siegfried, der Drachentöter“ ist zwischen dem launischen Berggeist und Odysseus.
5. In der Sage „Rübezahl“ ist ein launischer Berggeist die Hauptperson.
6. „Der Rattenfänger von Hameln“ wurde ca. 1284 erstmals schriftlich festgehalten.
7. Ein Sagentyp ist die lokale oder Heimatsage.
8. Ein unbekannter Mann ist die Hauptfigur einer Volkssage.
9. Zwischen der Sage aus dem 16. Jahrhundert und der Sage aus dem 7./8. Jahrhundert vor Christi ist eine Sage von um 1200.

Sagen

SAGEN

Das Wort „Sage“ stammt von dem althochdeutschen Wort „saga“ und bedeutet: Gesagtes, Gesprochenes. Sagen sind mündlich überlieferte Erzählungen, die jedoch wahrscheinlich auf einer wahren Begebenheit basieren. Die Verfasserinnen und Verfasser sind nicht bekannt, aber sie wurden von Menschen irgendwann zu Papier gebracht.
Hier findest du verschiedene Sagen, Sagentypen und Hauptpersonen.
Lies, fülle die Tabelle aus und finde heraus:

Welcher Sagentyp ist „Rübezahl“? **lokale oder Heimatsage**

Mögliche Lösung: 6 – 1 – 5 – 3 – 7 – 2 – 4

Sagentyp	Volkssage	Göttersage	Heldensage	**lokale oder Heimtsage**
Name der Sage	Der Rattenfänger von Hameln	Die Odyssee	Nibelungenlied	Rübezahl
Hauptperson	ein unbekannter Mann	Odysseus	Siegfried, der Drachentöter	ein launischer Berggeist

6. Ganz links ist die Sage „Der Rattenfänger von Hameln“.
1. Zwischen „Der Rattenfänger von Hameln“ und dem „Nibelungenlied“ ist „Die Odyssee“.
5. In der Sage „Rübezahl“ ist ein launischer Berggeist die Hauptperson.
3. Die Hauptperson „Siegfried, der Drachentöter“ ist zwischen dem launischen Berggeist und Odysseus.
7. Ein unbekannter Mann ist die Hauptfigur einer Volkssage.
2. Die Göttersage ist zwischen der Volkssage und der Heldensage.
4. Ein Sagentyp ist die lokale oder Heimatsage.

SAGEN

Das Wort „Sage“ stammt von dem althochdeutschen Wort „saga“ und bedeutet: Gesagtes, Gesprochenes. Sagen sind mündlich überlieferte Erzählungen, die jedoch wahrscheinlich auf einer wahren Begebenheit basieren. Die Verfasserinnen und Verfasser sind nicht bekannt, aber sie wurden von Menschen irgendwann zu Papier gebracht.
Hier findest du verschiedene Sagen, Sagentypen, Hauptpersonen und ungefähre Zeitangaben bezüglich der Niederschrift.
Lies, fülle die Tabelle aus und finde heraus:

Welcher Sagentyp ist „Rübezahl“? **lokale oder Heimatsage**

Mögliche Lösung: 2 – 9 – 6 – 1 – 5 – 4 – 8 – 3 – 7

Sagentyp	Volkssage	Göttersage	Heldensage	**lokale oder Heimtsage**
Name der Sage	Der Rattenfänger von Hameln	Die Odyssee	Nibelungenlied	Rübezahl
Hauptperson	ein unbekannter Mann	Odysseus	Siegfried, der Drachentöter	ein launischer Berggeist
ungefähre Zeit der Niederschrift	ca. 1284	7./8. Jh. vor Chr.	um 1200	16. Jh.

2. Ganz rechts ist eine Sage aus dem 16. Jahrhundert.
9. Zwischen der Sage aus dem 16. Jahrhundert und der Sage aus dem 7./8. Jahrhundert vor Christi ist eine Sage von um 1200.
6. „Der Rattenfänger von Hameln“ wurde ca. 1284 erstmals schriftlich festgehalten.
1. Zwischen „Der Rattenfänger von Hameln“ und dem „Nibelungenlied“ ist „Die Odyssee“.
5. In der Sage „Rübezahl“ ist ein launischer Berggeist die Hauptperson.
4. Die Hauptperson „Siegfried, der Drachentöter“ ist zwischen dem launischen Berggeist und Odysseus.
8. Ein unbekannter Mann ist die Hauptfigur einer Volkssage.
3. Die Göttersage ist zwischen der Volkssage und der Heldensage.
7. Ein Sagentyp ist die lokale oder Heimatsage.

SATZGLIEDER I

Jeder Satz besteht aus verschiedenen Satzgliedern. Subjekt, Prädikat und Objekt bilden häufig die Basis. Es gibt jedoch noch weitere Satzglieder, die mit bestimmten Fragen herausgefunden werden können.
Lies, fülle die Tabelle aus und ordne diese Wortgruppen den richtigen Satzgliedbestimmungen zu.

Zusatz: Welche Sätze kannst du aus diesen Wortgruppen bilden? Schreibe auf die Rückseite oder ins Heft. Es gelten auch Fragesätze.

Satzgliedbestimmung						
Frage						
Wortgruppe						

1. Das Subjekt steht zwischen dem Dativobjekt und dem Prädikat.
2. Ganz rechts steht die adverbiale Bestimmung des Ortes.
3. Zwischen der Frage „Wann?" und der Frage „Wer oder was?" steht die Frage „Was tut das Subjekt?".
4. Die Frage nach „Wem oder was?" steht zwischen der Frage „Wer oder was?" und der Frage „Wie?".
5. Zwischen dem Dativobjekt und der adverbialen Bestimmung des Ortes steht die adverbiale Bestimmung der Art und Weise.
6. Die adverbiale Bestimmung der Zeit erfragt man mit „Wann?".
7. Eine Frage lautet „Wo? Wohin?".

an den Strand	Oma und Opa	in den Ferien	gemütlich	fahren	mit ihrem Enkel

SATZGLIEDER I

Jeder Satz besteht aus verschiedenen Satzgliedern. Subjekt, Prädikat und Objekt bilden häufig die Basis. Es gibt jedoch noch weitere Satzglieder, die mit bestimmten Fragen herausgefunden werden können.
Lies, fülle die Tabelle aus und ordne diese Wortgruppen den richtigen Satzgliedbestimmungen zu.

Zusatz: Welche Sätze kannst du aus diesen Wortgruppen bilden? Schreibe auf die Rückseite oder ins Heft. Es gelten auch Fragesätze.

Satzgliedbestimmung							
Frage							
Wortgruppe							

1. Zwischen dem Genitivobjekt und dem Subjekt steht das Dativobjekt.
2. Eine Frage lautet „Wo? Wohin?“.
3. Zwischen der Frage „Wer oder was?“ und der Frage „Wessen?“ steht die Frage „Wem oder was?“.
4. Die adverbiale Bestimmung der Zeit erfragt man mit „Wann?“.
5. Ganz rechts steht die adverbiale Bestimmung des Ortes.
6. Neben der Frage „Wessen?“ steht die Frage nach dem „Wie?“.
7. Zwischen der Frage „Wann?“ und der Frage „Wer oder was?“ steht die Frage „Was tut das Subjekt?“.
8. Neben dem Subjekt steht das Prädikat.
9. Zwischen der adverbialen Bestimmung des Ortes und dem Genitivobjekt steht die adverbiale Bestimmung der Art und Weise.

an den Strand	Oma und Opa	in den Ferien	gemütlich	in Papas Auto	fahren	mit ihrem Enkel

SATZGLIEDER I

Jeder Satz besteht aus verschiedenen Satzgliedern. Subjekt, Prädikat und Objekt bilden häufig die Basis. Es gibt jedoch noch weitere Satzglieder, die mit bestimmten Fragen herausgefunden werden können.
Lies, fülle die Tabelle aus und ordne diese Wortgruppen den richtigen Satzgliedbestimmungen zu.

Zusatz: Welche Sätze kannst du aus diesen Wortgruppen bilden? Schreibe auf die Rückseite oder ins Heft. Es gelten auch Fragesätze.

Mögliche Lösung: 2 – 5 – 1 – 6 – 3 – 4 – 7

Satzgliedbestimmung	adverbiale Bestimmung der Zeit	Prädikat	Subjekt	Dativobjekt	adverbiale Bestimmung der Art und Weise	adverbiale Bestimmung des Ortes
Frage	Wann?	Was tut das Subjekt?	Wer oder Was?	Wem oder was?	Wie?	Wo? Wohin?
Wortgruppe	**in den Ferien**	**fahren**	**Oma und Opa**	**mit ihrem Enkel**	**gemütlich**	**an den Strand**

2. Ganz rechts steht die adverbiale Bestimmung des Ortes.
5. Zwischen dem Dativobjekt und der adverbialen Bestimmung des Ortes steht die adverbiale Bestimmung der Art und Weise.
1. Das Subjekt steht zwischen dem Dativobjekt und dem Prädikat.
6. Die adverbiale Bestimmung der Zeit erfragt man mit „Wann?“.
3. Zwischen der Frage „Wann?“ und der Frage „Wer oder was?“ steht die Frage „Was tut das Subjekt?“.
4. Die Frage nach „Wem oder was?“ steht zwischen der Frage „Wer oder was?“ und der Frage „Wie?“.
7. Eine Frage lautet „Wo? Wohin?“.

Zusatzaufgabe: (weitere Sätze sind möglich):
Fahren Oma und Opa in den Ferien mit ihrem Enkel gemütlich an den Strand?
An den Strand fahren Oma und Opa gemütlich in den Ferien mit ihrem Enkel.
Mit ihrem Enkel fahren Oma und Opa in den Ferien gemütlich an den Strand.

SATZGLIEDER I

Jeder Satz besteht aus verschiedenen Satzgliedern. Subjekt, Prädikat und Objekt bilden häufig die Basis. Es gibt jedoch noch weitere Satzglieder, die mit bestimmten Fragen herausgefunden werden können.
Lies, fülle die Tabelle aus und ordne diese Wortgruppen den richtigen Satzgliedbestimmungen zu.

Zusatz: Welche Sätze kannst du aus diesen Wortgruppen bilden? Schreibe auf die Rückseite oder ins Heft. Es gelten auch Fragesätze.

Mögliche Lösung: 5 – 9 – 1 – 8 – 4 – 7 – 3 – 6 – 2

Satzgliedbestimmung	adverbiale Bestimmung der Zeit	Prädikat	Subjekt	Dativobjekt	Genitivobjekt	adverbiale Bestimmung der Art & Weise	adverbiale Bestimmung des Ortes
Frage	Wann?	Was tut das Subjekt?	Wer oder was?	Wem oder was?	Wessen?	Wie?	Wo? Wohin?
Wortgruppe	**in den Ferien**	**fahren**	**Oma und Opa**	**mit ihrem Enkel**	**in Papas Auto**	**gemütlich**	**an den Strand**

5. Ganz rechts steht die adverbiale Bestimmung des Ortes.
9. Zwischen der adverbialen Bestimmung des Ortes und dem Genitivobjekt steht die adverbiale Bestimmung der Art und Weise.
1. Zwischen dem Genitivobjekt und dem Subjekt steht das Dativobjekt.
8. Neben dem Subjekt steht das Prädikat.
4. Die adverbiale Bestimmung der Zeit erfragt man mit „Wann?“.
7. Zwischen der Frage „Wann?“ und der Frage „Wer oder was?“ steht die Frage „Was tut das Subjekt?“.
3. Zwischen der Frage „Wer oder was?“ und der Frage „Wessen?“ steht die Frage „Wem oder was?“.
6. Neben der Frage „Wessen?“ steht die Frage nach dem „Wie?“.
2. Eine Frage lautet „Wo? Wohin?“.

Zusatzaufgabe: (weitere Sätze sind möglich): Oma und Opa fahren in den Ferien mit ihrem Enkel in Papas Auto gemütlich an den Strand. An den Strand fahren Oma und Opa in den Ferien gemütlich mit ihrem Enkel in Papas Auto. Fahren Oma und Opa in den Ferien gemütlich mit ihrem Enkel in Papas Auto an den Strand?

SATZGLIEDER II

Zeige erneut deine Lesefähigkeit und dein Wissen über Satzglieder.
Lies die Sätze, fülle die Tabelle aus und ordne diese Wortgruppen den richtigen Satzgliedbestimmungen zu.

Zusatz: Welche Sätze kannst du aus diesen Wortgruppen bilden? Schreibe auf die Rückseite oder ins Heft. Es gelten auch Fragesätze.

Satzgliedbestimmung					
Frage					
Wortgruppe					

1. Neben der adverbialen Bestimmung der Zeit steht das Subjekt.
2. Die Frage „Was tut das Subjekt?“ steht hier neben der Frage „Wann?“.
3. Das Akkusativobjekt wird mit der Frage „Wen oder was?“ herausgefunden.
4. Zwischen der adverbialen Bestimmung des Grundes und der adverbialen Bestimmung der Zeit steht das Prädikat.
5. Ein Satzglied wird mit der Frage „Warum?“ herausgefunden.
6. Zwischen der Frage „Wen oder was?“ und der Frage „Wann?“ steht die Frage „Wer oder was?“.
7. Ganz links steht die adverbiale Bestimmung des Grundes.

haben	keine Pause	die Kinder	heute	weil es regnet

SATZGLIEDER II

Zeige erneut deine Lesefähigkeit und dein Wissen über Satzglieder.
Lies die Sätze, fülle die Tabelle aus und ordne diese Wortgruppen den richtigen Satzgliedbestimmungen zu.

Zusatz: Welche Sätze kannst du aus diesen Wortgruppen bilden? Schreibe auf die Rückseite oder ins Heft. Es gelten auch Fragesätze.

Satzgliedbestimmung						
Frage						
Wortgruppe						

1. Die adverbiale Bestimmung des Ortes steht neben dem Subjekt.
2. Die Frage „Wann?“ steht in diesem Beispiel neben der Frage „Wer oder was?“.
3. Das Akkusativobjekt wird mit der Frage „Wen oder was?“ herausgefunden.
4. Die adverbiale Bestimmung der Zeit steht zwischen dem Prädikat und dem Subjekt.
5. Ein Satzglied wird mit der Frage „Warum?“ herausgefunden.
6. Zwischen der Frage „Wen oder was?“ und der Frage „Wer oder was?“ steht die Frage „Wo?“.
7. Ganz links steht die adverbiale Bestimmung des Grundes.
8. Neben der adverbialen Bestimmung des Grundes steht in diesem Beispiel das Prädikat.
9. Die Frage „Was tut das Subjekt?“ steht neben der Frage „Wann?“.

haben	keine Pause	die Kinder	heute	weil es regnet	auf dem Hof

Satzglieder II

SATZGLIEDER II

Zeige erneut deine Lesefähigkeit und dein Wissen über Satzglieder.
Lies die Sätze, fülle die Tabelle aus und ordne diese Wortgruppen den richtigen Satzgliedbestimmungen zu.

Zusatz: Welche Sätze kannst du aus diesen Wortgruppen bilden? Schreibe auf die Rückseite oder ins Heft. Es gelten auch Fragesätze.

Mögliche Lösung: 7 – 4 – 1 – 3 – 6 – 2 – 5

Satzgliedbestimmung	adverbiale Bestimmung des Grundes	Prädikat	adverbiale Bestimmung der Zeit	Subjekt	Akkusativobjekt
Frage	Warum?	Was tut das Subjekt?	Wann?	Wer oder was?	Wen oder was?
Wortgruppe	**weil es regnet**	**haben**	**heute**	**die Kinder**	**keine Pause**

7. Ganz links steht die adverbiale Bestimmung des Grundes.
4. Zwischen der adverbialen Bestimmung des Grundes und der adverbialen Bestimmung der Zeit steht das Prädikat.
1. Neben der adverbialen Bestimmung der Zeit steht das Subjekt.
3. Das Akkusativobjekt wird mit der Frage „Wen oder was?" herausgefunden.
6. Zwischen der Frage „Wen oder was?" und der Frage „Wann?" steht die Frage „Wer oder was?".
2. Die Frage „Was tut das Subjekt?" steht hier neben der Frage „Wann?".
5. Ein Satzglied wird mit der Frage „Warum?" herausgefunden.

Zusatzaufgabe (weitere Sätze sind möglich):
Die Kinder haben heute keine Pause, weil es regnet.
Haben die Kinder heute keine Pause, weil es regnet?
Heute haben die Kinder keine Pause, weil es regnet.

SATZGLIEDER II

Zeige erneut deine Lesefähigkeit und dein Wissen über Satzglieder.
Lies die Sätze, fülle die Tabelle aus und ordne diese Wortgruppen den richtigen Satzgliedbestimmungen zu.

Zusatz: Welche Sätze kannst du aus diesen Wortgruppen bilden? Schreibe auf die Rückseite oder ins Heft. Es gelten auch Fragesätze.

Mögliche Lösung: 7 – 8 – 4 – 1 – 3 – 6 – 2 – 9 – 5

Satzgliedbestimmung	adverbiale Bestimmung des Grundes	Prädikat	adverbiale Bestimmung der Zeit	Subjekt	adverbiale Bestimmung des Ortes	Akkusativobjekt
Frage	Warum?	Was tut das Subjekt?	Wann?	Wer oder was?	Wo?	Wen oder was?
Wortgruppe	**weil es regnet**	**haben**	**heute**	**die Kinder**	**auf dem Hof**	**keine Pause**

7. Ganz links steht die adverbiale Bestimmung des Grundes.
8. Neben der adverbialen Bestimmung des Grundes steht in diesem Beispiel das Prädikat.
4. Die adverbiale Bestimmung der Zeit steht zwischen dem Prädikat und dem Subjekt.
1. Die adverbiale Bestimmung des Ortes steht neben dem Subjekt.
3. Das Akkusativobjekt wird mit der Frage „Wen oder was?" herausgefunden.
6. Zwischen der Frage „Wen oder was?" und der Frage „Wer oder was?" steht die Frage „Wo?".
2. Die Frage „Wann?" steht in diesem Beispiel neben der Frage „Wer oder was?".
9. Die Frage „Was tut das Subjekt?" steht neben der Frage „Wann?".
5. Ein Satzglied wird mit der Frage „Warum?" herausgefunden.

Zusatzaufgabe (weitere Sätze sind möglich):
Die Kinder haben heute keine Pause auf dem Hof, weil es regnet.
Haben die Kinder heute keine Pause auf dem Hof, weil es regnet?
Heute haben die Kinder auf dem Hof keine Pause, weil es regnet.

SCHWANK – DIE SCHILDBÜRGER

Drei Kinder stellen an verschiedenen Tagen in der Klasse Schildbürger-Schwänke vor. Eigentlich gelten die Schildbürger als naiv und dumm, weshalb sie viele Fehler machen.
Lies, fülle die Tabelle aus, schneide die kurzen Zusammenfassungen sowie die Streiche aus und klebe sie ein. Finde heraus:

Zu welchem Schwank gehört Streich 2? ______________________________

Name			
Wochentag			
Schwank			
kurze Zusammen-fassung			
Streich			

1. Die Zusammenfassung 1 erzählt den Schwank „Der Kaiser kommt zu Besuch“.
2. Der Vortrag am Mittwoch beschreibt „Die Zerstörung von Schilda“.
3. Die Zusammenfassung 2 und Streich 3 sind nicht neben Zusammenfassung 1.
4. Links von dem Vortrag über Schildas Zerstörung ist der Vortrag „Die Schildbürger bauen ein Rathaus“.
5. Thomas ist ganz links und hält seinen Vortrag am Montag.
6. Zusammenfassung 3 gehört zu Streich 1.
7. Ahmed ist zwischen Thomas und Amira, die ihren Vortrag am Donnerstag hält.

Die Karten zum Ausschneiden findest du auf dem Extrablatt.

SCHWANK – DIE SCHILDBÜRGER

Vier Kinder stellen an verschiedenen Tagen in der Klasse Schildbürger-Schwänke vor.
Eigentlich gelten die Schildbürger als naiv und dumm, weshalb sie viele Fehler machen.
Lies, fülle die Tabelle aus, schneide die kurzen Zusammenfassungen sowie die Streiche aus und klebe sie ein. Finde heraus:

Zu welchem Schwank gehört Streich 2? ____________________

Name				
Wochentag				
Schwank				
kurze Zusammen-fassung				
Streich				

1. Der Vortrag am Mittwoch berichtet von der „Zerstörung von Schilda“.
2. Thomas ist ganz links und hält seinen Vortrag am Montag.
3. Ahmed ist zwischen Thomas und Amira, die ihren Vortrag am Donnerstag hält.
4. Zusammenfassung 1 gehört zu Streich 4 und ist rechts neben Zusammenfassung 4.
5. Ein Junge erzählt den Schwank „Die Schildbürger bauen ein Rathaus“. Dazu gehört Zusammenfassung 2.
6. Zusammenfassung 3 gehört zu Streich 1.
7. Dennis erzählt der Klasse am Freitag vom „Beckumer Rathausbrunnen“.
8. Streich 1 ist rechts neben Streich 3.
9. „Der Kaiser kommt zu Besuch“ wird in der Zusammenfassung 4 beschrieben.

Die Karten zum Ausschneiden findest du auf dem Extrablatt.

KARTEN ZUM AUSSCHNEIDEN

Zusammenfassung 1:
Die Schildbürger sollen dem Kaiser halb zu Fuß und halb zu Pferd entgegenkommen. Die Hälfte kann reiten, wenn sie Pferde haben, die anderen sollen laufen.

Zusammenfassung 2:
Die Schildbürger bauen ein dreieckiges Rathaus mit einem großen Tor, aber ohne Fenster.

Streich 1:
Die Schildbürger brennen das Haus mit dem Maushund ab und zerstören dabei die Stadt.

Streich 2:
Die Schildbürger kommen auf Steckenpferden angelaufen.

Zusammenfassung 3:
Die Schildbürger kennen keine Katzen. Sie kaufen sich eine als „Maushund" bezeichnete Katze, um Mäuse zu fangen. Auf die Auskunft „Nur Speck frisst sie nie" verstehen die Schildbürger „Nur Menschen und Vieh".

Streich 3:
Die Schildbürger versuchen, das Sonnenlicht mit Säcken einzufangen, um das dunkle Gebäude zu erhellen.

Zusammenfassung 1:
Die Schildbürger reinigen einen Brunnen und bauen dazu eine Kette aus Männern, die in den Brunnen reicht.

Zusammenfassung 2:
Die Schildbürger bauen ein dreieckiges Rathaus mit einem großen Tor, aber ohne Fenster.

Zusammenfassung 3:
Die Schildbürger kennen keine Katzen. Sie kaufen sich eine als „Maushund" bezeichnete Katze, um Mäuse zu fangen. Auf die Auskunft „Nur Speck frisst sie nie" verstehen die Schildbürger „Nur Menschen und Vieh".

Streich 1:
Die Schildbürger brennen das Haus mit dem Maushund ab und zerstören dabei die Stadt.

Streich 2:
Die Schildbürger kommen auf Steckenpferden angelaufen.

Streich 3:
Die Schildbürger versuchen, das Sonnenlicht mit Säcken einzufangen, um das dunkle Gebäude zu erhellen.

Zusammenfassung 4:
Die Schildbürger sollen dem Kaiser halb zu Fuß und halb zu Pferd entgegenkommen. Die Hälfte kann reiten, wenn sie Pferde haben, die anderen sollen laufen.

Streich 4:
Der oberste Mann am Brunnenrand, der die Kette hält, ruft: „Haltet euch alle fest … ich muss mir mal eben in die Hände spucken."

Schwank – Die Schildbürger

SCHWANK – DIE SCHILDBÜRGER

Drei Kinder stellen an verschiedenen Tagen in der Klasse Schildbürger-Schwänke vor. Eigentlich gelten die Schildbürger als naiv und dumm, weshalb sie viele Fehler machen.
Lies, fülle die Tabelle aus, schneide die kurzen Zusammenfassungen sowie die Streiche aus und klebe sie ein. Finde heraus:

Zu welchem Schwank gehört Streich 2? **Der Kaiser kommt zu Besuch**

Mögliche Lösung: 5 – 7 – 2 – 4 – 1 – 3 – 6

Name	Thomas	Ahmed	Amira
Wochentag	Montag	Mittwoch	Donnerstag
Schwank	Die Schildbürger bauen ein Rathaus	Die Zerstörung von Schilda	**Der Kaiser kommt zu Besuch**
kurze Zusammenfassung	**Zusammenfassung 2:** Die Schildbürger bauen ein dreieckiges Rathaus mit einem großen Tor, aber ohne Fenster.	**Zusammenfassung 3:** Die Schildbürger kennen keine Katzen. Sie kaufen sich eine als „Maushund" bezeichnete Katze, um Mäuse zu fangen. Auf die Auskunft „Nur Speck frisst sie nie" verstehen die Schildbürger „Nur Menschen und Vieh".	**Zusammenfassung 1:** Die Schildbürger sollen dem Kaiser halb zu Fuß und halb zu Pferd entgegenkommen. Die Hälfte kann reiten, wenn sie Pferde haben, die anderen sollen laufen.
Streich	**Streich 3:** Die Schildbürger versuchen, das Sonnenlicht mit Säcken einzufangen, um das dunkle Gebäude zu erhellen.	**Streich 1:** Die Schildbürger brennen das Haus mit dem Maushund ab und zerstören dabei die Stadt.	**Streich 2:** Die Schildbürger kommen auf Steckenpferden angelaufen.

5. Thomas ist ganz links und hält seinen Vortrag am Montag.
7. Ahmed ist zwischen Thomas und Amira, die ihren Vortrag am Donnerstag hält.
2. Der Vortrag am Mittwoch beschreibt „Die Zerstörung von Schilda".
4. Links von dem Vortrag über Schildas Zerstörung ist der Vortrag „Die Schildbürger bauen ein Rathaus".
1. Die Zusammenfassung 1 erzählt den Schwank „Der Kaiser kommt zu Besuch".
3. Die Zusammenfassung 2 und Streich 3 sind nicht neben Zusammenfassung 1.
6. Zusammenfassung 3 gehört zu Streich 1.

SCHWANK – DIE SCHILDBÜRGER

Vier Kinder stellen an verschiedenen Tagen in der Klasse Schildbürger-Schwänke vor.
Eigentlich gelten die Schildbürger als naiv und dumm, weshalb sie viele Fehler machen.
Lies, fülle die Tabelle aus, schneide die kurzen Zusammenfassungen sowie die Streiche aus und klebe sie ein. Finde heraus:

Zu welchem Schwank gehört Streich 2? **Der Kaiser kommt zu Besuch**

Mögliche Lösung: 2 – 3 – 7 – 1 – 5 – 9 – 4 – 6 – 8

Name	Thomas	Ahmed	Amira	Dennis
Wochentag	Montag	Mittwoch	Donnerstag	Freitag
Schwank	Die Schildbürger bauen ein Rathaus	Die Zerstörung von Schilda	**Der Kaiser kommt zu Besuch**	Beckumer Rathausbrunnen
kurze Zusammenfassung	**Zusammenfassung 2:** Die Schildbürger bauen ein dreieckiges Rathaus mit einem großen Tor, aber ohne Fenster.	**Zusammenfassung 3:** Die Schildbürger kennen keine Katzen. Sie kaufen sich eine als „Maushund" bezeichnete Katze, um Mäuse zu fangen. Auf die Auskunft „Nur Speck frisst sie nie" verstehen die Schildbürger „Nur Menschen und Vieh".	**Zusammenfassung 4:** Die Schildbürger sollen dem Kaiser halb zu Fuß und halb zu Pferd entgegenkommen. Die Hälfte kann reiten, wenn sie Pferde haben, die anderen sollen laufen.	**Zusammenfassung 1:** Die Schildbürger reinigen einen Brunnen und bauen dazu eine Kette aus Männern, die in den Brunnen reicht.
Streich	**Streich 3:** Die Schildbürger versuchen, das Sonnenlicht mit Säcken einzufangen, um das dunkle Gebäude zu erhellen.	**Streich 1:** Die Schildbürger brennen das Haus mit dem Maushund ab und zerstören dabei die Stadt.	**Streich 2:** Die Schildbürger kommen auf Steckenpferden angelaufen.	**Streich 4:** Der oberste Mann am Brunnenrand, der die Kette hält, ruft: „Haltet euch alle fest … ich muss mir mal eben in die Hände spucken."

2. Thomas ist ganz links und hält seinen Vortrag am Montag.
3. Ahmed ist zwischen Thomas und Amira, die ihren Vortrag am Donnerstag hält.
7. Dennis erzählt der Klasse am Freitag vom „Beckumer Rathausbrunnen".
1. Der Vortrag am Mittwoch berichtet von der „Zerstörung von Schilda".
5. Ein Junge erzählt den Schwank „Die Schildbürger bauen ein Rathaus". Dazu gehört Zusammenfassung 2.
9. „Der Kaiser kommt zu Besuch" wird in der Zusammenfassung 4 beschrieben.
4. Zusammenfassung 1 gehört zu Streich 4 und ist rechts neben Zusammenfassung 4.
6. Zusammenfassung 3 gehört zu Streich 1.
8. Streich 1 ist rechts neben Streich 3.

SCHWANK – TILL EULENSPIEGEL

Es heißt, Till Eulenspiegel soll um 1300 im Braunschweiger Land geboren worden sein. Er wurde, falls es ihn wirklich gab, 50 Jahre alt und starb in Mölln. Das erste Buch mit Geschichten über ihn erschien ca. 1510.
Jeder Schwank behandelt ein Thema und Till hat Gegenspieler, denen er einen Streich spielt.
Drei Kinder halten Referate über Tills Streiche und erstellen dazu Poster.
Lies, trage die Informationen in die Tabelle ein und finde heraus:

In welchem Schwank hat Till einen Gastwirt zum Gegenspieler? ____________________

Name			
Poster mit Bild			
Titel des Schwanks			
Gegen-spieler			

1. Julias Poster ist neben Antons Poster.
2. Der Schwank zu dem Poster mit der Kutsche heißt „Wie Till die Kutsche schmierte“.
3. Im Schwank „Till als Schneidergeselle“ hat Till den Schneider zum Gegenspieler.
4. Anton malt eine große Puppe ohne Kleider auf sein Poster.
5. Auf Lailas Poster sieht man einen Bienenstock. Es ist der Schwank „Wie Till in einem Bienenstock schlief“.
6. Die zwei Diebe als Gegenspieler sind nicht neben dem Schneider.
7. Neben dem Schwank „Wie Till in einem Bienenstock schlief“ ist ein Poster mit einer Kutsche.

SCHWANK – TILL EULENSPIEGEL

Es heißt, Till Eulenspiegel soll um 1300 im Braunschweiger Land geboren worden sein. Er wurde, falls es ihn wirklich gab, 50 Jahre alt und starb in Mölln. Das erste Buch mit Geschichten über ihn erschien ca. 1510. Jeder Schwank behandelt ein Thema und Till hat Gegenspieler, denen er einen Streich spielt. Vier Kinder halten Referate über Tills Streiche und erstellen dazu Poster. Lies, trage die Informationen in die Tabelle ein und finde heraus:

In welchem Schwank hat Till einen Gastwirt zum Gegenspieler? ______________________________

Name				
Poster mit Bild				
Titel des Schwanks				
Gegen-spieler				

1. Neben dem Bäcker als Gegenspieler ist der Schneider als Gegenspieler.
2. Neben dem Schwank „Wie Till in einem Bienenstock schlief“ ist der Schwank „Wie Till die Kutsche schmierte“.
3. Anton malt eine große Puppe ohne Kleider auf sein Poster.
4. Im Schwank „Wie Till Eulen und Meerkatzen buk“ hat Till den Bäcker als Gegenspieler.
5. Auf Lailas Poster sieht man einen Bienenstock. Es ist der Schwank „Wie Till in einem Bienenstock schlief“.
6. Die zwei Diebe als Gegenspieler sind nicht neben dem Schneider.
7. Neben dem Schwank „Wie Till die Kutsche schmierte“ ist der Schwank „Till als Schneidergeselle“.
8. Susis Poster mit Eulen und Meerkatzen ist neben Antons Poster auf der rechten Seite.
9. Julias Poster ist neben Antons Poster und zeigt eine Kutsche.

SCHWANK – TILL EULENSPIEGEL

Es heißt, Till Eulenspiegel soll um 1300 im Braunschweiger Land geboren worden sein. Er wurde, falls es ihn wirklich gab, 50 Jahre alt und starb in Mölln. Das erste Buch mit Geschichten über ihn erschien ca. 1510.
Jeder Schwank behandelt ein Thema und Till hat Gegenspieler, denen er einen Streich spielt.
Drei Kinder halten Referate über Tills Streiche und erstellen dazu Poster.
Lies, trage die Informationen in die Tabelle ein und finde heraus:

In welchem Schwank hat Till einen Gastwirt zum Gegenspieler? **Wie Till die Kutsche schmierte**

Mögliche Lösung: 4 – 1 – 5 – 7 – 2 – 3 – 6

Name	Laila	Julia	Anton
Poster mit Bild	Bienenstock	Kutsche	Puppe ohne Kleider
Titel des Schwanks	Wie Till in einem Bienenstock schlief	**Wie Till die Kutsche schmierte**	Till als Schneidergeselle
Gegen-spieler	zwei Diebe	ein Gastwirt	ein Schneider

4. Anton malt eine große Puppe ohne Kleider auf sein Poster.
1. Julias Poster ist neben Antons Poster.
5. Auf Lailas Poster sieht man einen Bienenstock. Es ist der Schwank „Wie Till in einem Bienenstock schlief“.
7. Neben dem Schwank „Wie Till in einem Bienenstock schlief“ ist ein Poster mit einer Kutsche.
2. Der Schwank zu dem Poster mit der Kutsche heißt „Wie Till die Kutsche schmierte“.
3. Im Schwank „Till als Schneidergeselle“ hat Till den Schneider zum Gegenspieler.
6. Die zwei Diebe als Gegenspieler sind nicht neben dem Schneider.

SCHWANK – TILL EULENSPIEGEL

Es heißt, Till Eulenspiegel soll um 1300 im Braunschweiger Land geboren worden sein. Er wurde, falls es ihn wirklich gab, 50 Jahre alt und starb in Mölln. Das erste Buch mit Geschichten über ihn erschien ca. 1510. Jeder Schwank behandelt ein Thema und Till hat Gegenspieler, denen er einen Streich spielt. Vier Kinder halten Referate über Tills Streiche und erstellen dazu Poster. Lies, trage die Informationen in die Tabelle ein und finde heraus:

In welchem Schwank hat Till einen Gastwirt zum Gegenspieler? **Wie Till die Kutsche schmierte**

Mögliche Lösung: 3 – 8 – 9 – 5 – 2 – 7 – 4 – 1 – 6

Name	Laila	Julia	Anton	Susi
Poster mit Bild	Bienenstock	Kutsche	Puppe	Eulen und Meerkatzen
Titel des Schwanks	Wie Till in einem Bienenstock schlief	**Wie Till die Kutsche schmierte**	Till als Schneidergeselle	Wie Till Eulen und Meerkatzen buk
Gegen-spieler	zwei Diebe	ein Gastwirt	ein Schneider	ein Bäcker

3. Anton malt eine große Puppe ohne Kleider auf sein Poster.
8. Susis Poster mit Eulen und Meerkatzen ist neben Antons Poster auf der rechten Seite.
9. Julias Poster ist neben Antons Poster und zeigt eine Kutsche.
5. Auf Lailas Poster sieht man einen Bienenstock. Es ist der Schwank „Wie Till in einem Bienenstock schlief“.
2. Neben dem Schwank „Wie Till in einem Bienenstock schlief“ ist der Schwank „Wie Till die Kutsche schmierte“.
7. Neben dem Schwank „Wie Till die Kutsche schmierte“ ist der Schwank „Till als Schneidergeselle“.
4. Im Schwank „Wie Till Eulen und Meerkatzen buk“ hat Till den Bäcker als Gegenspieler.
1. Neben dem Bäcker als Gegenspieler ist der Schneider als Gegenspieler.
6. Die zwei Diebe als Gegenspieler sind nicht neben dem Schneider.

SPRICHWÖRTER I

Sprichwörter werden häufig benutzt. Oft ist aber die Bedeutung nicht mehr ganz geläufig. Hier findest du Kinder, die Sprichwörter verwenden und Erklärungen dazu liefern. Die Bilder kannst du ausschneiden und in die entsprechenden Felder kleben, wenn du fertig bist. Lies, fülle die Tabelle aus und finde heraus:

Welche Bedeutung hat Lucas Sprichwort? ______________________________

Name			
Sprichwort			
Bedeutung			
Bild			

1. Katjas Sprichwort heißt „Einem geschenkten Gaul schaut man nicht ins Maul“.
2. Die Bedeutung, dass man mit einem Geschenk zufrieden sein und es nicht kritisieren sollte, ist nicht neben der Bedeutung über das Verhalten.
3. Ganz rechts ist Yousef.
4. Das Sprichwort „Der Apfel fällt nicht weit vom Stamm“ bedeutet, dass die Kinder sich sehr ähnlich verhalten wie die Eltern.
5. Ein Sprichwort bedeutet, dass man etwas holen gehen muss, wenn man es vergessen hat.
6. Luca ist neben Yousef.
7. Neben dem Sprichwort über den Gaul ist das Sprichwort „Was man nicht im Kopf hat, hat man in den Beinen“.

SPRICHWÖRTER I

Sprichwörter werden häufig benutzt. Oft ist aber die Bedeutung nicht mehr ganz geläufig. Hier findest du Kinder, die Sprichwörter verwenden und Erklärungen dazu liefern. Die Bilder kannst du ausschneiden und in die entsprechenden Felder kleben, wenn du fertig bist. Lies, fülle die Tabelle aus und finde heraus:

Welche Bedeutung hat Lucas Sprichwort? ____________________

Name				
Sprichwort				
Bedeutung				
Bild				

1. Das Sprichwort „Der Apfel fällt nicht weit vom Stamm“ bedeutet, dass die Kinder sich sehr ähnlich verhalten wie die Eltern.
2. Elia ist zwischen Yousef und Luca.
3. Neben dem Sprichwort über den Gaul ist das Sprichwort „Was man nicht im Kopf hat, hat man in den Beinen“.
4. Neben dem Verhalten der Kinder ist die Bedeutung, dass man von anderen so behandelt wird, wie man sie selbst behandelt.
5. Katjas Sprichwort heißt „Einem geschenkten Gaul schaut man nicht ins Maul“.
6. Ein Sprichwort bedeutet, dass man etwas holen gehen muss, wenn man es vergessen hat.
7. Neben dem Sprichwort mit den Beinen ist das Sprichwort „Wie man in den Wald hineinruft, so schallt es heraus“.
8. Die Bedeutung, dass man mit einem Geschenk zufrieden sein und es nicht kritisieren sollte, ist nicht neben der Bedeutung über das Behandeln anderer.
9. Ganz rechts ist Yousef.

Sprichwörter I

SPRICHWÖRTER I

Sprichwörter werden häufig benutzt. Oft ist aber die Bedeutung nicht mehr ganz geläufig. Hier findest du Kinder, die Sprichwörter verwenden und Erklärungen dazu liefern. Die Bilder kannst du ausschneiden und in die entsprechenden Felder kleben, wenn du fertig bist. Lies, fülle die Tabelle aus und finde heraus:

Welche Bedeutung hat Lucas Sprichwort? **Wenn man etwas vergessen hat, muss man es holen gehen.**

Mögliche Lösung: 3 – 6 – 1 – 7 – 4 – 2 – 5

Name	Katja	Luca	Yousef
Sprichwort	Einem geschenkten Gaul schaut man nicht ins Maul.	Was man nicht im Kopf hat, hat man in den Beinen.	Der Apfel fällt nicht weit vom Stamm.
Bedeutung	Man sollte mit einem Geschenk zufrieden sein und es nicht kritisieren.	**Wenn man etwas vergessen hat, muss man es holen gehen.**	Kinder verhalten sich ähnlich wie die Eltern.
Bild			

3. Ganz rechts ist Yousef.
6. Luca ist neben Yousef.
1. Katjas Sprichwort heißt „Einem geschenkten Gaul schaut man nicht ins Maul“.
7. Neben dem Sprichwort über den Gaul ist das Sprichwort „Was man nicht im Kopf hat, hat man in den Beinen“.
4. Das Sprichwort „Der Apfel fällt nicht weit vom Stamm“ bedeutet, dass die Kinder sich sehr ähnlich verhalten wie die Eltern.
2. Die Bedeutung, dass man mit einem Geschenk zufrieden sein und es nicht kritisieren sollte, ist nicht neben der Bedeutung über das Verhalten.
5. Ein Sprichwort bedeutet, dass man etwas holen gehen muss, wenn man es vergessen hat.

SPRICHWÖRTER I

Sprichwörter werden häufig benutzt. Oft ist aber die Bedeutung nicht mehr ganz geläufig. Hier findest du Kinder, die Sprichwörter verwenden und Erklärungen dazu liefern. Die Bilder kannst du ausschneiden und in die entsprechenden Felder kleben, wenn du fertig bist. Lies, fülle die Tabelle aus und finde heraus:

Welche Bedeutung hat Lucas Sprichwort? **Wenn man etwas vergessen hat, muss man es holen gehen.**

Mögliche Lösung: 9 – 2 – 5 – 3 – 7 – 1 – 4 – 8 – 6

Name	Katja	Luca	Elia	Yousef
Sprichwort	Einem geschenkten Gaul schaut man nicht ins Maul.	Was man nicht im Kopf hat, hat man in den Beinen.	Wie man in den Wald hineinruft, so schallt es heraus.	Der Apfel fällt nicht weit vom Stamm.
Bedeutung	Man sollte mit einem Geschenk zufrieden sein und es nicht kritisieren.	**Wenn man etwas vergessen hat, muss man es holen gehen.**	Man wird von anderen so behandelt, wie man sie selbst behandelt.	Kinder verhalten sich ähnlich wie die Eltern.
Bild				

9. Ganz rechts ist Yousef.
2. Elia ist zwischen Yousef und Luca.
5. Katjas Sprichwort heißt „Einem geschenkten Gaul schaut man nicht ins Maul“.
3. Neben dem Sprichwort über den Gaul ist das Sprichwort „Was man nicht im Kopf hat, hat man in den Beinen“.
7. Neben dem Sprichwort mit den Beinen ist das Sprichwort „Wie man in den Wald hineinruft, so schallt es heraus“.
1. Das Sprichwort „Der Apfel fällt nicht weit vom Stamm“ bedeutet, dass die Kinder sich sehr ähnlich verhalten wie die Eltern.
4. Neben dem Verhalten der Kinder ist die Bedeutung, dass man von anderen so behandelt wird, wie man sie selbst behandelt.
8. Die Bedeutung, dass man mit einem Geschenk zufrieden sein und es nicht kritisieren sollte, ist nicht neben der Bedeutung über das Behandeln anderer.
6. Ein Sprichwort bedeutet, dass man etwas holen gehen muss, wenn man es vergessen hat.

SPRICHWÖRTER II

Dieses *Logical* erklärt dir weitere Bedeutungen von Sprichwörtern, falls du sie nicht schon weißt. Die genauen Erklärungen kannst du ausschneiden und in die entsprechenden Felder kleben, wenn du fertig bist.
Lies, fülle die Tabelle aus und finde heraus:

Welche Bedeutung hat Marcos Sprichwort? ______________________________

Name			
Sprichwort			
Bedeutung			
genaue Erklärung			

1. Das Sprichwort „Endlich ist der Groschen gefallen“ bedeutet, dass man zu guter Letzt etwas verstanden hat.
2. Tabea ist das Mädchen links.
3. Dass man anderen nicht die eigenen Fehler vorwerfen sollte, ist nicht neben der Bedeutung, dass man etwas verstanden hat.
4. Nikolas’ Sprichwort heißt „Wer im Glashaus sitzt, sollte nicht mit Steinen werfen“.
5. Ein Sprichwort bedeutet, dass man so gut wie pleite ist und kein Geld mehr hat.
6. Neben dem Sprichwort über das Glashaus ist dieses Sprichwort: „Ich bin auf den Hund gekommen.“
7. Marco ist neben Tabea.

Reiche Leute hatten früher Geldtruhen, in deren Boden ein Hund geschnitzt war. Sah man den Boden/Hund, war so gut wie kein Geld mehr da.	Ein Glashaus geht kaputt, wenn es von Steinen getroffen wird. Die Glassplitter könnten einen verletzen, wenn man darin sitzt und mit Steinen wirft.	Ein Groschen ist eine Münze, mit der man aus einem Automaten Waren kaufen kann. Erst, wenn der Groschen gefallen ist, kommt die Ware.

Sprichwörter II

Dieses *Logical* erklärt dir weitere Bedeutungen von Sprichwörtern, falls du sie nicht schon weißt. Die genauen Erklärungen kannst du ausschneiden und in die entsprechenden Felder kleben, wenn du fertig bist.
Lies, füll die Tabelle aus und finde heraus:

Welche Bedeutung hat Marcos Sprichwort? ______________________

Name				
Sprichwort				
Bedeutung				
genaue Erklärung				

1. Neben dem Sprichwort über das Glashaus ist dieses Sprichwort: „Ich bin auf den Hund gekommen."
2. Ein Sprichwort bedeutet, dass man so gut wie pleite ist und kein Geld mehr hat.
3. Die Bedeutung „Das nervt!" ist neben dem Sprichwort über den Groschen.
4. Tabea ist das Mädchen links.
5. Nikolas' Sprichwort heißt „Wer im Glashaus sitzt, sollte nicht mit Steinen werfen".
6. Das Sprichwort „Endlich ist der Groschen gefallen" bedeutet, dass man zu guter Letzt etwas verstanden hat.
7. Dass man anderen nicht die eigenen Fehler vorwerfen sollte, ist nicht neben der Bedeutung „Das nervt!".
8. Finn ist zwischen Tabea und Marco.
9. Das Sprichwort „Ich bin auf den Hund gekommen" ist neben dem Sprichwort „Das geht mir gegen den Strich".

Reiche Leute hatten früher Geldtruhen, in deren Boden ein Hund geschnitzt war. Sah man den Boden/Hund, war so gut wie kein Geld mehr da.	Ein Glashaus geht kaputt, wenn es von Steinen getroffen wird. Die Glassplitter könnten einen verletzen, wenn man darin sitzt und mit Steinen wirft.	Ein Groschen ist eine Münze, mit der man aus einem Automaten Waren kaufen kann. Erst, wenn der Groschen gefallen ist, kommt die Ware.	Wenn einem Tier das Fell gegen die Wuchsrichtung gestreichelt wird, mag es das gar nicht. Es ist nicht schlimm, aber es nervt das Tier.

SPRICHWÖRTER II

Dieses *Logical* erklärt dir weitere Bedeutungen von Sprichwörtern, falls du sie nicht schon weißt. Die genauen Erklärungen kannst du ausschneiden und in die entsprechenden Felder kleben, wenn du fertig bist.
Lies, fülle die Tabelle aus und finde heraus:

Welche Bedeutung hat Marcos Sprichwort? **Man ist so gut wie pleite und hat kein Geld mehr.**

Mögliche Lösung: 2 – 7 – 4 – 6 – 1 – 3 – 5

Name	Tabea	Marco	Nikolas
Sprichwort	Endlich ist der Groschen gefallen.	Ich bin auf den Hund gekommen.	Wer im Glashaus sitzt, sollte nicht mit Steinen werfen.
Bedeutung	Man hat etwas verstanden.	**Man ist so gut wie pleite und hat kein Geld mehr.**	Man sollte anderen nicht die eigenen Fehler vorwerfen.
genaue Erklärung	Ein Groschen ist eine Münze, mit der man aus einem Automaten Waren kaufen kann. Erst, wenn der Groschen gefallen ist, kommt die Ware.	Reiche Leute hatten früher Geldtruhen, in deren Boden ein Hund geschnitzt war. Sah man den Boden/Hund, war so gut wie kein Geld mehr da.	Ein Glashaus geht kaputt, wenn es von Steinen getroffen wird. Die Glassplitter könnten einen verletzen, wenn man darin sitzt und mit Steinen wirft.

2. Tabea ist das Mädchen links.
7. Marco ist neben Tabea.
4. Nikolas' Sprichwort heißt „Wer im Glashaus sitzt, sollte nicht mit Steinen werfen".
6. Neben dem Sprichwort über das Glashaus ist dieses Sprichwort: „Ich bin auf den Hund gekommen".
1. Das Sprichwort „Endlich ist der Groschen gefallen" bedeutet, dass man zu guter Letzt etwas verstanden hat.
3. Dass man anderen nicht die eigenen Fehler vorwerfen sollte, ist nicht neben der Bedeutung, dass man etwas verstanden hat.
5. Ein Sprichwort bedeutet, dass man so gut wie pleite ist und kein Geld mehr hat.

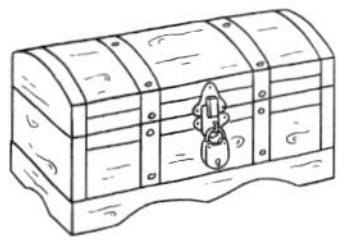

SPRICHWÖRTER II

Dieses *Logical* erklärt dir weitere Bedeutungen von Sprichwörtern, falls du sie nicht schon weißt. Die genauen Erklärungen kannst du ausschneiden und in die entsprechenden Felder kleben, wenn du fertig bist.
Lies, füll die Tabelle aus und finde heraus:

Welche Bedeutung hat Marcos Sprichwort? **Man ist so gut wie pleite und hat kein Geld mehr.**

Mögliche Lösung: 4 – 8 – 5 – 1 – 9 – 6 – 3 – 7 – 2

Name	Tabea	Finn	Marco	Nikolas
Sprichwort	Endlich ist der Groschen gefallen.	Das geht mir gegen den Strich.	Ich bin auf den Hund gekommen.	Wer im Glashaus sitzt, sollte nicht mit Steinen werfen.
Bedeutung	Man hat etwas verstanden.	Etwas nervt.	**Man ist so gut wie pleite und hat kein Geld mehr.**	Man sollte anderen nicht die eigenen Fehler vorwerfen.
genaue Erklärung	Ein Glashaus geht kaputt, wenn es von Steinen getroffen wird. Die Glassplitter könnten einen verletzen, wenn man darin sitzt und mit Steinen wirft.	Wenn einem Tier das Fell gegen die Wuchsrichtung gestreichelt wird, mag es das gar nicht. Es ist nicht schlimm, aber es nervt das Tier.	Reiche Leute hatten früher Geldtruhen, in deren Boden ein Hund geschnitzt war. Sah man den Boden/Hund, war so gut wie kein Geld mehr da.	Ein Glashaus geht kaputt, wenn es von Steinen getroffen wird. Die Glassplitter könnten einen verletzen, wenn man darin sitzt und mit Steinen wirft.

4. Tabea ist das Mädchen links.
8. Finn ist zwischen Tabea und Marco.
5. Nikolas' Sprichwort heißt „Wer im Glashaus sitzt, sollte nicht mit Steinen werfen".
1. Neben dem Sprichwort über das Glashaus ist dieses Sprichwort: „Ich bin auf den Hund gekommen."
9. Das Sprichwort „Ich bin auf den Hund gekommen" ist neben dem Sprichwort „Das geht mir gegen den Strich".
6. Das Sprichwort „Endlich ist der Groschen gefallen" bedeutet, dass man zu guter Letzt etwas verstanden hat.
3. Die Bedeutung „Das nervt!" ist neben dem Sprichwort über den Groschen.
7. Dass man anderen nicht die eigenen Fehler vorwerfen sollte, ist nicht neben der Bedeutung „Das nervt!".
2. Ein Sprichwort bedeutet, dass man so gut wie pleite ist und kein Geld mehr hat.

TEXTSORTEN

In unterschiedlichen Lebensbereichen benötigt man entsprechende Textsorten.
Diese Kinder befassen sich damit und jedes schreibt eine andere Textsorte mit anderem Inhalt und an unterschiedliche Adressaten gerichtet.
Lies, fülle die Tabelle aus und finde heraus:

Wer schreibt den Sachtext? ____________________

Name			
Adressat/-in			
Inhalt			
Textsorte			

1. Ein Kind schreibt einen Brief über seine Sommerferien.
2. Das Kind, das für die Klasse schreibt, ist neben dem Kind, das an seine Oma schreibt.
3. Tobias ist zwischen Leni und Sebastian.
4. Neben dem Kind, das über die Lieblingssängerin schreibt, ist das Kind, das über Dinosaurier schreibt.
5. Das Kind, das einen Steckbrief schreibt, ist nicht neben dem Kind, das einen Brief schreibt.
6. Sebastian schreibt an seine Oma.
7. Ein Kind schreibt für die Lehrerin über seine Lieblingssängerin.

TEXTSORTEN

In unterschiedlichen Lebensbereichen benötigt man entsprechende Textsorten.
Diese Kinder befassen sich damit und jedes schreibt eine andere Textsorte mit anderem Inhalt und an unterschiedliche Adressaten gerichtet.
Lies, fülle die Tabelle aus und finde heraus:

Wer schreibt den Sachtext? ____________________

Name				
Adressat/-in				
Inhalt				
Textsorte				

1. Talia schreibt für sich selbst.
2. Das Kind, das für die Klasse schreibt, ist neben dem Kind, das für seine Lehrerin schreibt.
3. Tobias ist zwischen Leni und Sebastian.
4. Das Kind, das den Steckbrief schreibt, ist neben dem Kind, das das Tagebuch schreibt.
5. Das Kind, das für seine Lehrerin schreibt, ist neben dem Kind, das für sich selbst schreibt.
6. Das Kind, das über Dinosaurier schreibt, ist zwischen dem Kind, das über die Sommerferien schreibt, und dem Kind, das über seine Lieblingssängerin schreibt.
7. Ein Kind schreibt seine Erlebnisse in einem Tagebuch auf.
8. Das Kind, das den Brief schreibt, ist nicht neben dem Kind, das den Steckbrief schreibt.
9. Ein Kind schreibt an seine Oma und berichtet von den Sommerferien.

TEXTSORTEN

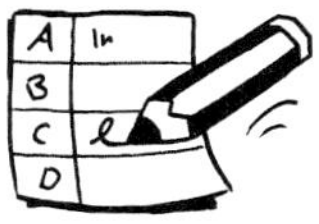

In unterschiedlichen Lebensbereichen benötigt man entsprechende Textsorten.
Diese Kinder befassen sich damit und jedes schreibt eine andere Textsorte mit anderem Inhalt und an unterschiedliche Adressaten gerichtet.
Lies, fülle die Tabelle aus und finde heraus:

Wer schreibt den Sachtext? **Tobias**

Mögliche Lösung: 3 – 6 – 2 – 7 – 4 – 1 – 5

Name	Sebastian	**Tobias**	Leni
Adressat/-in	Oma	Klasse	Lehrerin
Inhalt	Sommerferien	Dinosaurier	Lieblingssängerin
Textsorte	Brief	**Sachtext**	Steckbrief

3. Tobias ist zwischen Leni und Sebastian.
6. Sebastian schreibt an seine Oma.
2. Das Kind, das für die Klasse schreibt, ist neben dem Kind, das an seine Oma schreibt.
7. Ein Kind schreibt für die Lehrerin über seine Lieblingssängerin.
4. Neben dem Kind, das über die Lieblingssängerin schreibt, ist das Kind, das über Dinosaurier schreibt.
1. Ein Kind schreibt einen Brief über seine Sommerferien.
5. Das Kind, das einen Steckbrief schreibt, ist nicht neben dem Kind, das einen Brief schreibt.

TEXTSORTEN

In unterschiedlichen Lebensbereichen benötigt man entsprechende Textsorten.
Diese Kinder befassen sich damit und jedes schreibt eine andere Textsorte mit anderem Inhalt und an unterschiedliche Adressaten gerichtet.
Lies, fülle die Tabelle aus und finde heraus:

Wer schreibt den Sachtext? **Tobias**

Mögliche Lösung: 3 – 1 – 5 – 2 – 9 – 6 – 7 – 4 – 8

Name	Sebastian	**Tobias**	Leni	Talia
Adressat/-in	Oma	Klasse	Lehrerin	für sich selbst
Inhalt	Sommerferien	Dinosaurier	Lieblingssängerin	ihre Erlebnisse
Textsorte	Brief	**Sachtext**	Steckbrief	Tagebuch

3. Tobias ist zwischen Leni und Sebastian.
1. Talia schreibt für sich selbst.
5. Das Kind, das für seine Lehrerin schreibt, ist neben dem Kind, das für sich selbst schreibt.
2. Das Kind, das für die Klasse schreibt, ist neben dem Kind, das für seine Lehrerin schreibt.
9. Ein Kind schreibt an seine Oma und berichtet von den Sommerferien.
6. Das Kind, das über Dinosaurier schreibt, ist zwischen dem Kind, das über die Sommerferien schreibt, und dem Kind, das über seine Lieblingssängerin schreibt.
7. Ein Kind schreibt seine Erlebnisse in einem Tagebuch auf.
4. Das Kind, das den Steckbrief schreibt, ist neben dem Kind, das das Tagebuch schreibt.
8. Das Kind, das den Brief schreibt, ist nicht neben dem Kind, das den Steckbrief schreibt.

VORGANGSBESCHREIBUNGEN

Vorgangsbeschreibungen gibt es für viele Bereiche. Sie brauchen eine sachliche Sprache, kurze und klare Sätze, müssen im Präsens geschrieben sein und die Schrittfolge des Vorgangs muss klar sein. Diese Kinder schreiben Vorgangsbeschreibungen für die Schule und lassen sie von anderen Kindern ausführen.
Lies, fülle die Tabelle aus und finde heraus:

Welchen Vorgang beschreibt Livio? ______________________________

Name				
Thema				
Vorgangs-beschreibung				

1. Isabelle schreibt eine Backanleitung zum Thema Kekse.
2. Das Kind rechts heißt Yesim.
3. Das Kind, das ein Kochrezept über Spaghetti mit Tomatensoße schreibt, ist nicht neben dem Kind mit der Tulpe.
4. Ein Kind schreibt eine Bastelanleitung.
5. Nina ist zwischen Yesim und Livio.
6. Ein Kind schreibt eine Bauanleitung für ein Legoflugzeug.
7. Das Thema Tulpe ist neben dem Thema Kekse.

VORGANGSBESCHREIBUNGEN

Vorgangsbeschreibungen gibt es für viele Bereiche. Sie brauchen eine sachliche Sprache, kurze und klare Sätze, müssen im Präsens geschrieben sein und die Schrittfolge des Vorgangs muss klar sein. Diese Kinder schreiben Vorgangsbeschreibungen für die Schule und lassen sie von anderen Kindern ausführen.
Lies, fülle die Tabelle aus und finde heraus:

Welchen Vorgang beschreibt Livio? ______________________

Name					
Thema					
Vorgangs-beschreibung					

1. Isabelle schreibt eine Backanleitung zum Thema Kekse.
2. Das Kind rechts heißt Yesim.
3. Die Luftballonrakete ist neben dem Legoflugzeug.
4. Das Kind, das eine Experimentieranleitung schreibt, ist neben dem Kind, das ein Kochrezept schreibt.
5. Achmed ist zwischen Yesim und Nina.
6. Das Thema Tulpe ist zwischen den Keksen und dem Legoflugzeug.
7. Das Kind, das eine Bauanleitung schreibt, ist zwischen dem Kind, das eine Experimentieranleitung schreibt und dem, das eine Bastelanleitung schreibt.
8. Ein Kind schreibt ein Kochrezept für Spaghetti mit Tomatensoße.
9. Livio ist neben Nina.

VORGANGSBESCHREIBUNGEN

Vorgangsbeschreibungen gibt es für viele Bereiche. Sie brauchen eine sachliche Sprache, kurze und klare Sätze, müssen im Präsens geschrieben sein und die Schrittfolge des Vorgangs muss klar sein. Diese Kinder schreiben Vorgangsbeschreibungen für die Schule und lassen sie von anderen Kindern ausführen.
Lies, fülle die Tabelle aus und finde heraus:

Welchen Vorgang beschreibt Livio? **Bastelanleitung**

Mögliche Lösung: 2 – 5 – 1 – 7 – 3 – 6 – 4

Name	Isabelle	Livio	Nina	Yesim
Thema	Kekse	Tulpe	Legoflugzeug	Spaghetti
Vorgangs-beschreibung	Backanleitung	**Bastelanleitung**	Bauanleitung	Kochrezept

2. Das Kind rechts heißt Yesim.
5. Nina ist zwischen Yesim und Livio.
1. Isabelle schreibt eine Backanleitung zum Thema Kekse.
7. Das Thema Tulpe ist neben dem Thema Kekse.
3. Das Kind, das ein Kochrezept über Spaghetti mit Tomatensoße schreibt, ist nicht neben dem Kind mit der Tulpe.
6. Ein Kind schreibt eine Bauanleitung für ein Legoflugzeug.
4. Ein Kind schreibt eine Bastelanleitung.

VORGANGSBESCHREIBUNGEN

Vorgangsbeschreibungen gibt es für viele Bereiche. Sie brauchen eine sachliche Sprache, kurze und klare Sätze, müssen im Präsens geschrieben sein und die Schrittfolge des Vorgangs muss klar sein. Diese Kinder schreiben Vorgangsbeschreibungen für die Schule und lassen sie von anderen Kindern ausführen.
Lies, fülle die Tabelle aus und finde heraus:

Welchen Vorgang beschreibt Livio? **Bastelanleitung**

Mögliche Lösung: 2 – 5 – 9 – 1 – 6 – 3 – 8 – 4 – 7

Name	Isabelle	Livio	Nina	Achmed	Yesim
Thema	Kekse	Tulpe	Legoflugzeug	Luftballonrakete	Spaghetti mit Tomatensoße
Vorgangs-beschreibung	Backanleitung	**Bastelanleitung**	Bauanleitung	Experimentier-anleitung	Kochrezept

2. Das Kind rechts heißt Yesim.
5. Achmed ist zwischen Yesim und Nina.
9. Livio ist neben Nina.
1. Isabelle schreibt eine Backanleitung zum Thema Kekse.
6. Das Thema Tulpe ist zwischen den Keksen und dem Legoflugzeug.
3. Die Luftballonrakete ist neben dem Legoflugzeug.
8. Ein Kind schreibt ein Kochrezept für Spaghetti mit Tomatensoße.
4. Das Kind, das eine Experimentieranleitung schreibt, ist neben dem Kind, das ein Kochrezept schreibt.
7. Das Kind, das eine Bauanleitung schreibt, ist zwischen dem Kind, das eine Experimentieranleitung schreibt und dem, das eine Bastelanleitung schreibt.

VORTRÄGE HALTEN

Diese Kinder halten vor der Klasse Vorträge zu verschiedenen Themen in Biologie. Dazu wählen sie unterschiedliche Präsentationsformen und Themen. Jedes Kind muss beim Vortragen auf ein besonderes Kriterium achten. Wenn man diese Kriterien berücksichtigt, ist man Profi im Halten von Präsentationen.
Lies, fülle die Tabelle aus und finde heraus:

Welches Kind achtet auf eine deutliche Aussprache? ______________________

Name			
Thema			
Präsentationsart			
Kriterium beim Vortrag			

1. Neben dem Kind, das über Schildkröten berichtet, ist ein Kind, das über Pferde referieren möchte.
2. Mariam ist neben Ayhan.
3. Ein Kind achtet bei seiner PowerPoint-Präsentation auf den Blickkontakt zum Publikum.
4. Das Kind, das in seinem selbst gedrehten Video auf seine Redelautstärke achten muss, ist neben dem Kind mit dem Poster.
5. Amina möchte über Schildkröten berichten.
6. Die Präsentation über Löwen wird mithilfe eines Posters gehalten.
7. Das Kind links ist Ayhan.

VORTRÄGE HALTEN

Diese Kinder halten vor der Klasse Vorträge zu verschiedenen Themen in Biologie. Dazu wählen sie unterschiedliche Präsentationsformen und Themen. Jedes Kind muss beim Vortragen auf ein besonderes Kriterium achten. Wenn man diese Kriterien berücksichtigt, ist man Profi im Halten von Präsentationen.
Lies, fülle die Tabelle aus und finde heraus:

Welches Kind achtet auf eine deutliche Aussprache? ______________________

Name				
Thema				
Präsentationsart				
Kriterium beim Vortrag				

1. Amina möchte über Schildkröten berichten.
2. Ein Kind achtet bei seiner PowerPoint-Präsentation auf den Blickkontakt zum Publikum.
3. Neben dem Kind, das auf Gestik und Mimik achtet, ist ein Kind, das auf seine Redelautstärke achtet.
4. Das Kind links ist Ayhan.
5. Zwischen dem Vortrag über Schildkröten und dem über Pferde ist ein Vortrag über Elefanten.
6. Das Kind, das beim Vortrag auf Gestik und Mimik achtet, ist neben dem Kind, das auf Blickkontakt achtet.
7. Die Präsentation über Löwen wird mithilfe eines Posters gehalten.
8. Mariam ist zwischen Ayhan und Ömer.
9. Das Kind mit dem selbst gedrehten Video ist zwischen dem Kind mit dem Poster und dem Kind mit dem Interview.

Vorträge halten

VORTRÄGE HALTEN

Diese Kinder halten vor der Klasse Vorträge zu verschiedenen Themen in Biologie. Dazu wählen sie unterschiedliche Präsentationsformen und Themen. Jedes Kind muss beim Vortragen auf ein besonderes Kriterium achten. Wenn man diese Kriterien berücksichtigt, ist man Profi im Halten von Präsentationen.
Lies, fülle die Tabelle aus und finde heraus:

Welches Kind achtet auf eine deutliche Aussprache? **Ayhan**

Mögliche Lösung: 7 – 2 – 5 – 1 – 6 – 4 – 3

Name	**Ayhan**	Mariam	Amina
Thema	Löwen	Pferde	Schildkröten
Präsentationsart	Poster	selbst gedrehtes Video	PowerPoint-Präsentation
Kriterium beim Vortrag	**deutliche Aussprache**	Redelautstärke	Blickkontakt zum Publikum

7. Das Kind links ist Ayhan.
2. Mariam ist neben Ayhan.
5. Amina möchte über Schildkröten berichten.
1. Neben dem Kind, das über Schildkröten berichtet, ist ein Kind, das über Pferde referieren möchte.
6. Die Präsentation über Löwen wird mithilfe eines Posters gehalten.
4. Das Kind, das in seinem selbst gedrehten Video auf seine Redelautstärke achten muss, ist neben dem Kind mit dem Poster.
3. Ein Kind achtet bei seiner PowerPoint-Präsentation auf den Blickkontakt zum Publikum.

VORTRÄGE HALTEN

Diese Kinder halten vor der Klasse Vorträge zu verschiedenen Themen in Biologie. Dazu wählen sie unterschiedliche Präsentationsformen und Themen. Jedes Kind muss beim Vortragen auf ein besonderes Kriterium achten. Wenn man diese Kriterien berücksichtigt, ist man Profi im Halten von Präsentationen.
Lies, fülle die Tabelle aus und finde heraus:

Welches Kind achtet auf eine deutliche Aussprache? **Ayhan**

Mögliche Lösung: 4 – 8 – 1 – 5 – 7 – 9 – 2 – 6 – 3

Name	**Ayhan**	Mariam	Ömer	Amina
Thema	Löwen	Pferde	Elefanten	Schildkröten
Präsentationsart	Poster	selbst gedrehtes Video	Interview	PowerPoint-Präsentation
Kriterium beim Vortrag	**deutliche Aussprache**	Redelautstärke	Gestik und Mimik	Blickkontakt zum Publikum

4. Das Kind links ist Ayhan.
8. Mariam ist zwischen Ayhan und Ömer.
1. Amina möchte über Schildkröten berichten.
5. Zwischen dem Vortrag über Schildkröten und dem über Pferde ist ein Vortrag über Elefanten.
7. Die Präsentation über Löwen wird mithilfe eines Posters gehalten.
9. Das Kind mit dem selbst gedrehten Video ist zwischen dem Kind mit dem Poster und dem Kind mit dem Interview.
2. Ein Kind achtet bei seiner PowerPoint-Präsentation auf den Blickkontakt zum Publikum.
6. Das Kind, das beim Vortrag auf Gestik und Mimik achtet, ist neben dem Kind, das auf Blickkontakt achtet.
3. Neben dem Kind, das auf Gestik und Mimik achtet, ist ein Kind, das auf seine Redelautstärke achtet.

WORTARTEN

Im Deutschen gibt es zehn Wortarten. Nomen, Verben, Adjektive und Artikel sind die klassischen Wortarten. Es gibt jedoch auch andere. Zu ihren deutschen Bezeichnungen gehören die lateinischen Fachbegriffe. Diese findest du hier, zusammen mit Beispielen.
Hättest du alles gewusst?
Lies, fülle die Tabelle aus und finde heraus:

Welcher lateinische Fachbegriff bezeichnet die Wortart von Wörtern wie „tja, huch, hoppla“? ______________

Wortart				
lateinischer Fachbegriff				
Beispiel				

1. Zwischen den Zahlwörtern und den Umstandswörtern sind die Verhältniswörter.
2. Zwischen den Interjektionen und den Präpositionen stehen die Adverbien.
3. Neben den Wörtern „auf, in, unter“ stehen die Wörter „oft, gern, glücklicherweise“.
4. Neben den Wörtern „viele, manchmal, eins“ stehen die Wörter „auf, in, unter“.
5. Empfindungswörter heißen Interjektionen auf Latein.
6. Zu den Numeralen gehören Wörter wie „viele, manchmal, eins“.
7. Ganz links stehen die Zahlwörter.

WORTARTEN

Im Deutschen gibt es zehn Wortarten. Nomen, Verben, Adjektive und Artikel sind die klassischen Wortarten. Es gibt jedoch auch andere. Zu ihren deutschen Bezeichnungen gehören die lateinischen Fachbegriffe. Diese findest du hier, zusammen mit Beispielen.
Hättest du alles gewusst?
Lies, fülle die Tabelle aus und finde heraus:

Welcher lateinische Fachbegriff bezeichnet die Wortart von Wörtern wie „tja, huch, hoppla“? ______________________

Wortart					
lateinischer Fachbegriff					
Beispiel					

1. Neben den Umstandswörtern stehen die Empfindungswörter.
2. Neben den Wörtern „auf, in, unter“ stehen die Wörter „oft, gern, glücklicherweise“.
3. Bindewörter wie „weil, aber, oder, und“ heißen Konjunktionen.
4. Neben den Wörtern „viele, manchmal, eins“ stehen die Wörter „auf, in, unter“.
5. Die Präpositionen stehen neben den Adverbien.
6. Zwischen den Zahlwörtern und den Umstandswörtern sind die Verhältniswörter.
7. Zwischen den Konjunktionen und die Adverbien stehen die Interjektionen.
8. Ganz links stehen die Zahlwörter.
9. Zu den Numeralen gehören Wörter wie „viele, manchmal, eins“.

WORTARTEN

Im Deutschen gibt es zehn Wortarten. Nomen, Verben, Adjektive und Artikel sind die klassischen Wortarten. Es gibt jedoch auch andere. Zu ihren deutschen Bezeichnungen gehören die lateinischen Fachbegriffe. Diese findest du hier, zusammen mit Beispielen.
Hättest du alles gewusst?
Lies, fülle die Tabelle aus und finde heraus:

Welcher lateinische Fachbegriff bezeichnet die Wortart von Wörtern wie „tja, huch, hoppla"? **Interjektionen**

Mögliche Lösung: 7 – 1 – 5 – 2 – 6 – 4 – 3

Wortart	Zahlwörter	Verhältniswörter	Umstandswörter	Empfindungswörter
lateinischer Fachbegriff	Numerale	Präpositionen	Adverbien	**Interjektionen**
Beispiel	viele, manchmal, eins	auf, in, unter	oft, gern, glücklicherweise	tja, huch, hoppla

7. Ganz links stehen die Zahlwörter.
1. Zwischen den Zahlwörtern und den Umstandswörtern sind die Verhältniswörter.
5. Empfindungswörter heißen Interjektionen auf Latein.
2. Zwischen den Interjektionen und den Präpositionen stehen die Adverbien.
6. Zu den Numeralen gehören Wörter wie „viele, manchmal, eins".
4. Neben den Wörtern „viele, manchmal, eins" stehen die Wörter „auf, in, unter".
3. Neben den Wörtern „auf, in, unter" stehen die Wörter „oft, gern, glücklicherweise".

WORTARTEN

Im Deutschen gibt es zehn Wortarten. Nomen, Verben, Adjektive und Artikel sind die klassischen Wortarten. Es gibt jedoch auch andere. Zu ihren deutschen Bezeichnungen gehören die lateinischen Fachbegriffe. Diese findest du hier, zusammen mit Beispielen.
Hättest du alles gewusst?
Lies, fülle die Tabelle aus und finde heraus:

Welcher lateinische Fachbegriff bezeichnet die Wortart von Wörtern wie „tja, huch, hoppla"? **Interjektionen**

Mögliche Lösung: 8 – 6 – 1 – 3 – 7 – 5 – 9 – 4 – 2

Wortart	Zahlwörter	Verhältniswörter	Umstandswörter	Empfindungswörter	Bindewörter
lateinischer Fachbegriff	Numerale	Präpositionen	Adverbien	**Interjektionen**	Konjunktionen
Beispiel	viele, manchmal, eins	auf, in, unter	oft, gern, glücklicherweise	tja, huch, hoppla	weil, aber, oder, und

8. Ganz links stehen die Zahlwörter.
6. Zwischen den Zahlwörtern und den Umstandswörtern sind die Verhältniswörter.
1. Neben den Umstandswörtern stehen die Empfindungswörter.
3. Bindewörter wie „weil, aber, oder, und" heißen Konjunktionen.
7. Zwischen den Konjunktionen und die Adverbien stehen die Interjektionen.
5. Die Präpositionen stehen neben den Adverbien.
9. Zu den Numeralen gehören Wörter wie „viele, manchmal, eins".
4. Neben den Wörtern „viele, manchmal, eins" stehen die Wörter „auf, in, unter".
2. Neben den Wörtern „auf, in, unter" stehen die Wörter „oft, gern, glücklicherweise".

ZEITFORMEN

Die Kinder haben den Auftrag, Karten mit Zeitangaben zu ziehen. Jedes soll in dieser Zeit einen Satz schreiben. Schneide die Kärtchen aus. Lies, fülle die Tabelle aus und klebe die Sätze an die richtige Stelle. Finde heraus:

In welcher Zeitform muss Sebastian schreiben? ______________________________

Name				
Zeitform				
Satz				

1. Zwischen dem Kind, das über das Auto schreibt, und dem Kind, das über eine Wiese schreibt, ist ein Kind, das über ein Eis schreibt.
2. Der Junge rechts heißt Leander.
3. Thomas schreibt den Satz über das Auto.
4. Zwischen dem Satz im Futur I und dem Satz im Präsens steht ein Satz im Präteritum.
5. Das Kind, das lachen muss, schreibt seinen Satz im Perfekt.
6. Stefanie ist zwischen Leander und Sebastian.
7. Neben dem Kind, das den Satz im Perfekt schreibt, ist ein Kind, das seinen Satz im Präsens schreibt.

Heute ging ich in den Supermarkt und kaufte mir ein Eis.	Mein Vater wird ein neues Auto kaufen.	Meine Schwester sitzt auf der Wiese und sonnt sich.	Dein Witz hat mich wirklich zum Lachen gebracht.

ZEITFORMEN

Die Kinder haben den Auftrag, Karten mit Zeitangaben zu ziehen. Jedes soll in dieser Zeit einen Satz schreiben. Schneide die Kärtchen aus. Lies, fülle die Tabelle aus und klebe die Sätze an die richtige Stelle. Finde heraus:

In welcher Zeitform muss Sebastian schreiben? ______________________

Name					
Zeitform					
Satz					

1. Zwischen dem Kind, das über das Auto schreibt, und dem Kind, das über eine Wiese schreibt, ist ein Kind, das über ein Eis schreibt.
2. Thomas schreibt den Satz über das Auto.
3. Der Junge rechts heißt Leander.
4. Zwischen dem Satz im Futur I und dem Satz im Präsens steht ein Satz im Präteritum.
5. Zwischen dem Satz im Perfekt und dem Satz im Präsens ist ein Satz im Plusquamperfekt.
6. Bettina ist zwischen Leander und Stefanie.
7. Das Kind, das lachen muss, schreibt seinen Satz im Perfekt.
8. Sebastian ist neben Stefanie.
9. Ein Mädchen schreibt über Pizza.

Heute ging ich in den Supermarkt und kaufte mir ein Eis.	Mein Vater wird ein neues Auto kaufen.	Meine Schwester sitzt auf der Wiese und sonnt sich.	Dein Witz hat mich wirklich zum Lachen gebracht.	Sie hatten Karten gespielt und Pizza gegessen.

Zeitformen

ZEITFORMEN

Die Kinder haben den Auftrag, Karten mit Zeitangaben zu ziehen. Jedes soll in dieser Zeit einen Satz schreiben. Schneide die Kärtchen aus. Lies, fülle die Tabelle aus und klebe die Sätze an die richtige Stelle. Finde heraus:

In welcher Zeitform muss Sebastian schreiben? **Präteritum**

Mögliche Lösung: 2 – 6 – 3 – 1 – 5 – 7 – 4

Name	Thomas	Sebastian	Stefanie	Leander
Zeitform	Futur I	**Präteritum**	Präsens	Perfekt
Satz	Mein Vater wird ein neues Auto kaufen.	Heute ging ich in den Supermarkt und kaufte mir ein Eis.	Meine Schwester sitzt auf der Wiese und sonnt sich.	Dein Witz hat mich wirklich zum Lachen gebracht.

2. Der Junge rechts heißt Leander.
6. Stefanie ist zwischen Leander und Sebastian.
3. Thomas schreibt den Satz über das Auto.
1. Zwischen dem Kind, das über das Auto schreibt, und dem Kind, das über eine Wiese schreibt, ist ein Kind, das über ein Eis schreibt.
5. Das Kind, das lachen muss, schreibt seinen Satz im Perfekt.
7. Neben dem Kind, das den Satz im Perfekt schreibt, ist ein Kind, das seinen Satz im Präsens schreibt.
4. Zwischen dem Satz im Futur I und dem Satz im Präsens steht ein Satz im Präteritum.

ZEITFORMEN

Die Kinder haben den Auftrag, Karten mit Zeitangaben zu ziehen. Jedes soll in dieser Zeit einen Satz schreiben. Schneide die Kärtchen aus. Lies, fülle die Tabelle aus und klebe die Sätze an die richtige Stelle. Finde heraus:

In welcher Zeitform muss Sebastian schreiben? **Präteritum**

Mögliche Lösung: 3 – 6 – 8 – 2 – 1 – 9 – 7 – 5 – 4

Name	Thomas	Sebastian	Stefanie	Bettina	Leander
Zeitform	Futur I	**Präteritum**	Präsens	Plusquamperfekt	Perfekt
Satz	Mein Vater wird ein neues Auto kaufen.	Heute ging ich in den Supermarkt und kaufte mir ein Eis.	Meine Schwester sitzt auf der Wiese und sonnt sich.	Sie hatten Karten gespielt und Pizza gegessen.	Dein Witz hat mich wirklich zum Lachen gebracht.

3. Der Junge rechts heißt Leander.
6. Bettina ist zwischen Leander und Stefanie.
8. Sebastian ist neben Stefanie.
2. Thomas schreibt den Satz über das Auto.
1. Zwischen dem Kind, das über das Auto schreibt, und dem Kind, das über eine Wiese schreibt, ist ein Kind, das über ein Eis schreibt.
9. Ein Mädchen schreibt über Pizza.
7. Das Kind, das lachen muss, schreibt seinen Satz im Perfekt.
5. Zwischen dem Satz im Perfekt und dem Satz im Präsens ist ein Satz im Plusquamperfekt.
4. Zwischen dem Satz im Futur I und dem Satz im Präsens steht ein Satz im Präteritum.

Zeitgenössische Kinderbuchautorinnen und -autoren

Es gibt viele wunderbare Kinderbücher, deren Autorinnen und Autoren längst verstorben sind. Hier findest du Kinderbücher von zeitgenössischen Autoren. Manche schreiben ganze Buchserien. Das Lesealter wird immer empfohlen, um sich besser entscheiden zu können.
Lies, fülle die Tabelle aus und finde heraus:

Welches Buch stammt von Stefan Gemmel? ______________________________

Altersempfehlung				
Autor/Autorin				
Name des Werkes				

1. Der Autor zwischen Joanne K. Rowling und Cornelia Funke ist Stefan Gemmel.
2. Zwischen dem Buch, das ab vier Jahren empfohlen wird, und dem Buch, das ab acht Jahren empfohlen wird, ist ein Buch, das ab neun Jahren empfohlen wird.
3. Zwischen „Tintenherz“ und „Jacks wundersame Reise mit dem Weihnachtsschwein“ ist das Buch „Im Zeichen der Zauberkugel“.
4. Julia Donaldson hat den berühmten „Grüffelo“ geschrieben.
5. Ganz rechts ist ein Buch, das ab vier Jahren empfohlen wird.
6. Das Buch, das ebenso ab acht Jahren empfohlen wird, wurde von Joanne K. Rowling geschrieben.
7. Neben dem „Grüffelo“ ist das Buch „Tintenherz“.

ZEITGENÖSSISCHE KINDERBUCHAUTORINNEN UND -AUTOREN

Es gibt viele wunderbare Kinderbücher, deren Autorinnen und Autoren längst verstorben sind. Hier findest du Kinderbücher von zeitgenössischen Autoren. Manche schreiben ganze Buchserien. Das Lesealter wird immer empfohlen, um sich besser entscheiden zu können.
Lies, fülle die Tabelle aus und finde heraus:

Welches Buch stammt von Stefan Gemmel? ______________________

Altersempfehlung					
Autor/Autorin					
Name des Werkes					

1. Zwischen dem Buch, das ab acht Jahren empfohlen wird, und dem Buch, das ab neun Jahren empfohlen wird, ist ein Buch, das ab vier Jahren empfohlen wird.
2. „Jacks wundersame Reise mit dem Weihnachtsschwein“ wurde nicht von Stefan Gemmel geschrieben.
3. Das Buch, das ab zehn Jahren empfohlen wird, ist neben dem, das ab neun Jahren empfohlen wird.
4. Julia Donaldson hat den berühmten „Grüffelo“ geschrieben.
5. Der Autor zwischen Joanne K. Rowling und Cornelia Funke ist Andreas Steinhöfel.
6. Ein Werk heißt „Im Zeichen der Zauberkugel“.
7. Ein weiteres Buch wird ab acht Jahren empfohlen und wurde von Joanne K. Rowling geschrieben.
8. Ganz rechts ist ein Werk von Stefan Gemmel, das ab acht Jahren empfohlen wird.
9. Zwischen dem „Grüffelo“ und „Rico, Oskar und die Tieferschatten“ ist das Buch „Tintenherz“.

ZEITGENÖSSISCHE KINDERBUCHAUTORINNEN UND -AUTOREN

Es gibt viele wunderbare Kinderbücher, deren Autorinnen und Autoren längst verstorben sind. Hier findest du Kinderbücher von zeitgenössischen Autoren. Manche schreiben ganze Buchserien. Das Lesealter wird immer empfohlen, um sich besser entscheiden zu können.
Lies, fülle die Tabelle aus und finde heraus:

Welches Buch stammt von Stefan Gemmel? **Im Zeichen der Zauberkugel**

Mögliche Lösung: 5 – 2 – 6 – 1 – 4 – 7 – 3

Altersempfehlung	8 Jahre	8 Jahre	9 Jahre	4 Jahre
Autor/Autorin	Joanne K. Rowling	Stefan Gemmel	Cornelia Funke	Julia Donaldson
Name des Werkes	Jacks wundersame Reise mit dem Weihnachtsschwein	**Im Zeichen der Zauberkugel**	Tintenherz	Grüffelo

5. Ganz rechts ist ein Buch, das ab vier Jahren empfohlen wird.
2. Zwischen dem Buch, das ab vier Jahren empfohlen wird, und dem Buch, das ab acht Jahren empfohlen wird, ist ein Buch, das ab neun Jahren empfohlen wird.
6. Das Buch, das ebenso ab acht Jahren empfohlen wird, wurde von Joanne K. Rowling geschrieben.
1. Der Autor zwischen Joanne K. Rowling und Cornelia Funke ist Stefan Gemmel.
4. Julia Donaldson hat den berühmten „Grüffelo" geschrieben.
7. Neben dem „Grüffelo" ist das Buch „Tintenherz".
3. Zwischen „Tintenherz" und „Jacks wundersame Reise mit dem Weihnachtsschwein" ist das Buch „Im Zeichen der Zauberkugel".

ZEITGENÖSSISCHE KINDERBUCHAUTORINNEN UND -AUTOREN

Es gibt viele wunderbare Kinderbücher, deren Autorinnen und Autoren längst verstorben sind. Hier findest du Kinderbücher von zeitgenössischen Autoren. Manche schreiben ganze Buchserien. Das Lesealter wird immer empfohlen, um sich besser entscheiden zu können.
Lies, fülle die Tabelle aus und finde heraus:

Welches Buch stammt von Stefan Gemmel? **Im Zeichen der Zauberkugel**

Mögliche Lösung: 8 – 1 – 3 – 7 – 5 – 4 – 9 – 2 – 6

Altersempfehlung	8 Jahre	10 Jahre	9 Jahre	4 Jahre	8 Jahre
Autor/Autorin	Joanne K. Rowling	Andreas Steinhöfel	Cornelia Funke	Julia Donaldson	Stefan Gemmel
Name des Werkes	Jacks wundersame Reise mit dem Weihnachtsschwein	Rico, Oskar und die Tieferschatten	Tintenherz	Grüffelo	**Im Zeichen der Zauberkugel**

8. Ganz rechts ist ein Werk von Stefan Gemmel, das ab acht Jahren empfohlen wird.
1. Zwischen dem Buch, das ab acht Jahren empfohlen wird, und dem Buch, das ab neun Jahren empfohlen wird, ist ein Buch, das ab vier Jahren empfohlen wird.
3. Das Buch, das ab zehn Jahren empfohlen wird, ist neben dem, das ab neun Jahren empfohlen wird.
7. Ein weiteres Buch wird ab acht Jahren empfohlen und wurde von Joanne K. Rowling geschrieben.
5. Der Autor zwischen Joanne K. Rowling und Cornelia Funke ist Andreas Steinhöfel.
4. Julia Donaldson hat den berühmten „Grüffelo" geschrieben.
9. Zwischen dem „Grüffelo" und „Rico, Oskar und die Tieferschatten" ist das Buch „Tintenherz".
2. „Jacks wundersame Reise mit dem Weihnachtsschwein" wurde nicht von Stefan Gemmel geschrieben.
6. Ein Werk heißt „Im Zeichen der Zauberkugel".

Jederzeit optimal vorbereitet in den Unterricht?

»